みんなが欲しかった！
簿記の教科書

滝澤ななみ
Nanami Takizawa

日商 **2** 級
工業簿記

授業と書籍の強みを生かした最強の簿記の教科書

本書が選ばれるワケ

本書の特徴 1
授業で行う解説をコンパクトに再現

特に重要な項目や教科書を読んだだけではイメージしづらい内容については、授業中に解説するような、身近な例を用いた説明 これならわかる!! をつけました。

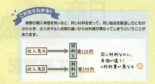

また、補助的な知識を説明する ひとこと でさらに理解が深まります。

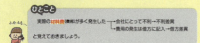

本書の特徴 2
授業の板書を図解に

本書を用いて講義をした場合の板書イメージをそのまま 図解 として載せました。図解 にはテキストの最重要ポイントがまとめられているので、試験直前に図解部分だけを流し読みすることも効果的です。

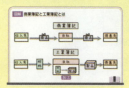

購入者特典

★1 仕訳Webアプリ

簿記において仕訳は超重要課題。すき間時間を有効活用して、仕訳Webアプリ「受かる！仕訳猛特訓」で毎日練習しましょう！

アクセス方法はP13参照

★2 模擬試験プログラム

ネット試験対策用として、本試験タイプの問題1回分をWeb上で解くことができます。ネット試験を受ける方はぜひご利用ください。

アクセス方法はP13参照

本書は、授業と書籍の両方の強みを取り入れた、日商簿記検定受験用テキストです。

授業の強みはなんといっても、かみ砕いた、わかりやすい講師の解説です。また、書籍の強みはコンパクトさです。この、それぞれの強みをバランスよく配合して特徴づけ、さらにこだわりポイントを入れてパワーアップさせたのがこの本です。

そして、スマートフォンの普及により、本をベースに、もっとわかりやすく、もっと手軽に学習していただける環境が整い、さらには、ネット試験の導入により、パソコンを使って問題を解く練習をする必要も生じました。これらの環境の変化に対応するため、本書ではさまざまな購入者特典をご用意しました。

さらに…こだわりポイント

❶ 工業簿記の学習内容を一覧でチェック！

補助資料（巻末298ページ）は、教科書の内容の超まとめ資料です。TAC出版書籍販売サイト・サイバーブックストアからダウンロードすることもできます。
https://bookstore.tac-school.co.jp/

❷ Reviewマーク付き

1度学習したテーマについては、 Review を入れました。該当箇所に戻って確認してください。

本書の特徴 3
読んだらすぐ解く！基本問題

授業では、各項目を学習したあと、練習問題を解いたりすることもあります。そのため、本書では各CHAPTERの最後に「基本問題」をつけました。これによって、本書で学んだ内容をすぐに問題を解いて確認することができます。

本書の特徴 4
これが書籍の強み 別冊 SIWAKE-31

教科書で登場する仕訳を別冊のSIWAKE-31としてまとめました。切り離していつでもどこでも利用できます。

よーし！モヤモヤ解消するぞー!!

合格力をグンと上げる 3
ワンポイントWeb解説

受験生が苦手とする代表的な重要論点（「月末仕掛品の計算」「標準原価計算（製造間接費差異の分析）」）につき、動画で学習できます！

アクセス方法はP13参照

（免責事項）
(1) 本アプリの利用にあたり、当社の故意または重大な過失によるもの以外で生じた損害、及び第三者から利用者に対してなされた損害賠償請求に基づく損害については一切の責任を負いません。
(2) 利用者が使用する対応端末は、利用者の費用と責任において準備するものとし、当社は、通信環境の不備等による本アプリの使用障害については、一切サポートを行いません。
(3) 当社は、本アプリの正確性、健全性、適用性、有用性、動作保証、対応端末への適合性、その他一切の事項について保証しません。
(4) 各種本試験の申込、試験申込期間などは、必ず利用者自身で確認するものとし、いかなる損害が発生した場合であっても当社では一切の責任を負いません。

(推奨デバイス) スマートフォン*・PC・タブレット
　　　　　　　　*仕訳Webアプリのみ
(推奨ブラウザ) Microsoft Edge 最新版／Google Chrome 最新版／Safari 最新版
詳細は、下記URLにてご確認ください。
https://shiwake.tac-school.co.jp/login/2
https://program.tac-school.co.jp/login/2

このような工夫をすることによって、授業と書籍の強みを活かした、最強の「簿記の教科書」ができたと自負しております。本書を活用し、皆様が日商簿記検定に合格されることを心よりお祈り申し上げます。

滝澤ななみ

受験申込みから合格までの流れ

ネット試験と統一試験の受験申込みから合格までの流れをまとめました。

ネット試験

2021年度に新設された試験方法です

STEP 1 受験申込み

簿記2級・3級テストセンターの全国統一申込サイトより、受験希望日時・会場・個人情報等を入力し、クレジットカード、コンビニ払い等により受験料を支払います。最短で3日後の予約が可能です。

申込サイト：
https://cbt-s.com/examinee/examination/jcci.html

統一試験

STEP 1 受験申込み

試験の約2か月前から申込受付が開始されます。申込方法は、各商工会議所により異なりますので、受験地の商工会議所のホームページ等でご確認ください。

団体試験 一部地域の商工会議所が

最新の情報は商工会議所の検定試験ホームページでご確認ください。

ネット試験と統一試験、どっちを選ぶ？

もしかしたらネット試験のほうがラクかも…

ネット試験も統一試験も合格の価値は同じです。問題のレベル、形式も同じとされています。入力のしやすさなどを考えると、ある程度パソコンの操作に慣れている方は、ネット試験で受けるのがよいでしょう。なお、ネット試験対策として模擬試験プログラムを用意していますので、活用してください（詳しくはP12参照）。

試験日	試験時間	合格基準点	受験料
テストセンターが定める日で随時	3級：60分 2級：90分	70点以上	3級：2,850円　※別途事務手数料 2級：4,720円　　550円がかかります。

STEP 2 受験
申込日時に申込みをした会場で受験します。試験画面に受験者情報を入力してから試験を開始します。<mark>受験者ごとに異なる試験問題（ランダム組合せ）</mark>が受験者のパソコンに配信され、受験者はパソコン上で解答を入力します。<mark>計算用紙と筆記用具は配布されますが、試験終了後に回収されます。</mark>

STEP 3 合格発表
試験終了後、即座に自動採点され、結果が画面に表示されます。合格者にはデジタル合格証が即日交付されます。

2021年度から変更になりました

試験日	試験時間	合格基準点	受験料
6月第2週、11月第3週、2月第4週の日曜日	3級：60分 2級：90分	70点以上	3級：2,850円　※別途事務手数料がか 2級：4,720円　　かる場合があります。

STEP 2 受験票の送付
試験日の約2週間から1週間前に受験票が送付されます。

STEP 3 受験
指定された試験会場で受験します。試験方式は紙媒体（ペーパーテスト）で、試験回ごとに<mark>全員同一</mark>の問題が出題されます。<mark>試験終了後、問題用紙、答案用紙、計算用紙は回収されます。</mark>

STEP 4 合格発表
試験日の約2週間から1か月後に合否が発表されます。

不定期で実施している一般向け団体試験もあります。（詳しくは各商工会議所ホームページでご確認ください）

https://www.kentei.ne.jp

なにが出題される？ 2

第1問から第3問が商業簿記、第4問と第5問が工業簿記からの出題で全部で5問構成とされています。各問で出題が予想される内容は次のとおりです。

商業簿記

第1問 配点▷20点

第1問は**仕訳問題**が出題されます。
問題数は**5問**とされています。

ネット試験
勘定科目はプルダウン形式で与えられ、1つを選択。金額はテンキーで入力。

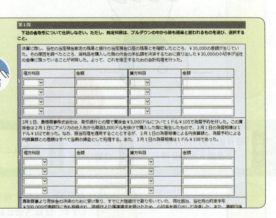

仕訳問題（主に第1問・第4問(1)）では、**同一勘定科目は借方と貸方でそれぞれ1回までしか使えない**

本来、仕訳を行うにあたっては、下記の(A)、(B)のどちらでも正解ですが、試験においては(A)の形で答えなければなりません。

(A) 正解 　正解となる例：各勘定科目を借方または貸方で1回しか使用していない

借　方		貸　方	
勘定科目	金　額	勘定科目	金　額
(ウ)現　金	1,000	(オ)売　上	3,000
(カ)売掛金	2,000		

(B) 不正解 　不正解となる例：貸方で同じ勘定科目を2回使用している

借　方		貸　方	
勘定科目	金　額	勘定科目	金　額
(ウ)現　金	1,000	(オ)売　上	1,000
(カ)売掛金	2,000	(オ)売　上	2,000

問題に指示が記載されますが、問題集を解くときにも気にするようにしましょう。

試験時間は
90分

級編

※刊行時の日本商工会議所からの情報をもとに作成しています。出題内容は随時変更、追加されることが予想されます。

ネット試験の導入により、出題は、問題データベースからランダムに抽出されるので問題の質が均一となり、難易度のバラツキが解消されつつあります。「統一試験とネット試験では問題のレベル等に差異はない」とする以上、両者の問題の質はある程度、均一化されるはずです。標準的な問題が試験範囲全体からまんべんなく出題されるので、苦手を作らず、もれなく学習するようにしましょう。

第1問 (20点)
　次の取引について仕訳しなさい。ただし、勘定科目は各取引の下の勘定科目の中からもっとも適当と思われるものを選び、記号で解答すること。

1. さきに立替払いしていた発送費の精算として、取引先から郵便為替証書¥12,400を受け取った。
　　ア. 現金　イ. 当座預金　ウ. 立替金　エ. 前受金　オ. 発送費　カ. 仮払金

2. 取引先秋田株式会社に貸し付けていた¥1,350,000（貸付期間：3か月、利率：年1％）について、本日、3か月分の利息とともに同社振り出しの小切手で返済を受けた。
　　ア. 受取利息　イ. 貸付金　ウ. 借入金　エ. 当座預金　オ. 支払利息　カ. 現金

3. 週末に用度係より、次のとおり1週間分の小口現金に関する支払報告を受けた。なお、当社は定額資金前渡制（インプレスト・システム）を採用しているが、用度係に対する小口現金は、週明けに普通預金口座から引き出して補給する。また、ICカードについては、チャージの報告時に旅費交通費勘定で処理している。
　　ICカードチャージ　¥　10,000（全額電車・バス料金支払いのために使用している）
　　ハガキ・切手代　　　¥　3,500
　　事務用品・文房具代　¥　2,000
　　収入印紙　　　　　　¥　2,500
　　ア. 小口現金　イ. 租税公課　ウ. 雑費　エ. 旅費交通費　オ. 通信費　カ. 損益　キ. 消耗品費

統一試験

勘定科目は与えられたものの中から1つを選択して記号を記入。金額は数字を記入。

問題用紙

答案用紙

第1問 (20点)

仕		訳	
借方科目	金額	貸方科目	金額
1			
2			
3			

仕訳のスピードを意識して

本試験では、じっくり見直しができる時間はありません。問題を読んで、一度で正確に解答できるよう、スピードが大変重要です。そのためには**どれだけ仕訳を、悩むことなく、素早くできるか**がポイントとなります。2級は仕訳が合計8問（商業簿記で5問、工業簿記で3問）、出題されます。サクサク解けるように、**仕訳Webアプリを用意しています**ので、活用して練習しておきましょう（詳しくはP12参照）。

なにが出題される？ **2級編**

商業簿記

第2問
配点▷20点

第2問は**個別問題**、**勘定記入**、**空欄補充**、**株主資本等変動計算書**、**連結会計**（連結精算表、連結財務諸表）などから**1問**出題されます。

ネット試験

該当する項目にチェックしたり、プルダウンによる選択群から語句等を選択。金額はテンキーで入力。

第2問

沖縄商事株式会社がリース取引によって調達している備品の状況は、以下のとおりである。

名称	リース開始日	リース期間	リース料支払日	年額リース料	見積現金購入価額
A備品	×6年4月1日	6年	毎年3月末日	¥600,000	¥3,240,000
B備品	×6年12月1日	4年	毎年11月末日	¥720,000	¥2,640,000
C備品	×7年2月1日	5年	毎年1月末日	¥360,000	¥1,584,000

このうちA備品とC備品にかかるリース取引は、ファイナンス・リース取引と判定された。これらの備品の減価償却は、リース期間を耐用年数とする定額法で行う。

以上から、ファイナンス・リース取引の会計処理を（A）利子込み法で行った場合と、（B）利子抜き法で行った場合とに分けて、解答欄に示す×6年度（×6年4月1日から×7年3月31日）の財務諸表上の各金額を求めなさい。ただし、利子抜き法による場合、利息の期間配分は定額法によって行うこと。

【解答欄】 （単位：円）

	（A）利子込み法	（B）利子抜き法
①リース資産（取得原価）		
②減価償却費		
③リース債務（未払利息を含む）		
④支払利息		

第2問（20点）

沖縄商事株式会社がリース取引によって調達している備品の状況は、以下のとおりである。

名称	リース開始日	リース期間	リース料支払日	年額リース料	見積現金購入価額
A備品	×6年4月1日	6年	毎年3月末日	¥600,000	¥3,240,000
B備品	×6年12月1日	4年	毎年11月末日	¥720,000	¥2,640,000
C備品	×7年2月1日	5年	毎年1月末日	¥360,000	¥1,584,000

このうちA備品とC備品にかかるリース取引は、ファイナンス・リース取引と判定された。これらの備品の減価償却は、リース期間を耐用年数とする定額法で行う。

以上から、ファイナンス・リース取引の会計処理を(1)利子込み法で行った場合と、(2)利子抜き法で行った場合とに分けて、答案用紙に示す×6年度（×6年4月1日から×7年3月31日）の財務諸表上の各金額を求めなさい。ただし、利子抜き法による場合、利息の期間配分は定額法によって行うこと。

統一試験

該当する項目にチェックしたり、選択群から語句を選択。金額は数字を記入。

問題用紙

答案用紙

第2問（20点） （単位：円）

	(1)利子込み法	(2)利子抜き法
① リース資産（取得原価）		
② 減価償却費		
③ リース債務（未払利息を含む）		
④ 支払利息		
⑤ 支払リース料		

勘定記入は重要

第2問は**勘定記入の出題**が多く見受けられます。期首の記入、期中取引の記入、勘定の締め切りまで、**一連の記入の仕方を理解しておく**ようにしましょう。

なお、試験では日付欄に配点がない場合もありますが、問題集を解くときには日付欄もしっかり記入するようにしましょう。

なにが出題される？ 2級編

商業簿記

第3問 配点▷20点

第3問は<u>損益計算書</u>や<u>貸借対照表</u>を作成する問題、<u>本支店会計</u>など、<u>個別決算に関する問題</u>が1問出題されます。

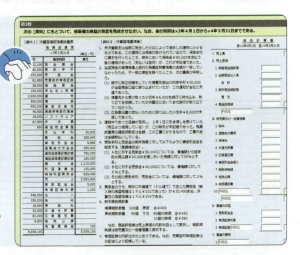

ネット試験

画面左側に資料、画面右側に解答欄が配置され、資料を見ながら解答できる構成。
金額は数字を入力。一部空欄となっている勘定科目は適切な勘定科目や語句をキーボードを使って入力。

統一試験

金額は数字を記入。一部空欄となっている勘定科目は適切な勘定科目や語句を記入。

問題用紙 / 答案用紙

なにが出題される？ **2級編**

工業簿記

第4問
配点▷28点

第4問は(1)工業簿記の**仕訳**が**3題**と、(2)**財務諸表作成、部門別原価計算、個別原価計算、総合原価計算、標準原価計算**（勘定記入、損益計算書）の中から**1問**が出題されます。

ネット試験

統一試験

問題用紙

答案用紙

なにが出題される？ **2級編**

工業簿記

第5問
配点▷12点

第5問は**標準原価計算（差異分析）**、
直接原価計算、**CVP分析**の中から
1問が出題されます。

ネット試験

第5問
製品Uを製造・販売している新潟産業㈱は、当期の実績にもとづいて次期の利益計画を策定している。次の［資料］にもとづいて、以下の各問に答えなさい。なお、期首および期末に仕掛品および製品の在庫はないものとする。

［資　料］当期の実績データ
売上高	＠5,000円×10,000個	
原　価：	変動製造原価	＠2,500円×10,000個
	変動販売費	＠ 500円×10,000個
	固定製造原価	5,000,000円
	固定販売費・一般管理費	7,000,000円

問1
当期の実績データにもとづいて、(1)貢献利益、(2)損益分岐点における販売量および売上高、(3)安全余裕率を求めなさい。なお、安全余裕率の計算にさいして端数が生じる場合は、小数点以下を切り捨てること。

(1)貢献利益		円		
(2)販売量		個	売上高	円
(3)安全余裕率		％		

問2
販売単価、製品1個あたりの変動費、期間固定費は当期と変わらないものとして、(1)営業利益7,500,000円を達成する販売量および売上高、(2)売上高営業利益率25％を達成する販売量および売上高を求めなさい。

(1)販売量		個	売上高	円

統一試験

第5問 (12点)　製品Qを生産・販売する当社の正常操業圏は、月間生産量が2,800単位から4,300単位である。製品Qの販売単価は400円で、過去6カ月間の生産・販売量と総原価に関する資料は次のとおりである。

［資　料］
月	生産・販売量	原価発生額
1月	2,000単位	1,050,000円
2月	3,750単位	1,530,000円
3月	2,800単位	1,292,000円
4月	4,150単位	1,650,000円
5月	4,300単位	1,652,000円
6月	4,240単位	1,620,000円

問1　上記の資料にもとづいて、高低点法によって製品Qの総原価の原価分解を行い、製品1単位あたりの変動費と月間固定費を求めなさい。
問2　原価分解の結果を利用し、当社の月間損益分岐点売上高を計算しなさい。
問3　原価分解の結果を利用し、月間目標営業利益400,000円を達成する販売量を計算しなさい。
問4　原価分解の結果を利用し、目標営業利益率15％を達成する月間目標売上高を計算しなさい。

問題用紙

答案用紙

問1	製品1単位あたりの変動費	円/単位
	月間固定費	円
問2	円	
問3	単位	
問4	円	

最新情報はこちらでチェック！

商	商工会議所の検定試験ホームページ **商工会議所の検定試験**	https://www.kentei.ne.jp
T	TAC出版書籍販売サイト **CYBER BOOK STORE**	https://bookstore.tac-school.co.jp
な	ネット試験が体験できる!! **滝澤ななみのすすめ！**	https://takizawananami-susume.jp

簿記の学習方法と

1 簿記の教科書をしっかりと読み込む

最低2回は読みましょう。実際にボックス図や分析図を書きながら読み進めると効果的です。

また各CHAPTERの冒頭には、日商簿記2級工業簿記で学習する内容がひと目でわかる、フローチャートがついています。簿記を学習するうえで非常に重要なので、これを使って**「工業簿記の全体像」**を、しっかりと頭に入れて読み進めましょう。

2 簿記の教科書の章末にある基本問題を繰り返し解く！

こちらも最低2回は解きましょう。1回目は教科書を見ながらでも構いません。2回目以降は何も見ずにスラスラ解けるようになるまで繰り返しましょう。

また、仕訳が素早く正確にできることは合格への一番の近道。教科書で登場する重要な仕訳をまとめたSIWAKE-31（本書別冊部分）や、**特典①仕訳Webアプリ**を使って、仕訳の特訓をするのもおすすめです。

特典を使いこなして合格へ近づこう！

①仕訳Webアプリ
「受かる！仕訳猛特訓」

仕訳を制する者は、本試験を制するといっても過言ではありません。スキマ時間などを使い、仕訳を徹底的にマスターして本試験にのぞんでください！

②ネット試験の演習ができる
「模擬試験プログラム」

ネット試験を受ける方は、ぜひこの模擬試験プログラムを使って、ネット試験を体験してみてください。

※本特典の提供期間は、本書の改訂版刊行月末日までです。

合格までのプロセス

3 簿記の問題集(別売り)の個別問題を解く

教科書の基本問題がすべて解けるようになったら、問題集にとりかかります。教科書で身につけた知識を、本試験で活用できるレベルまで上げていきます。わからないところは、教科書の関連CHAPTERに戻ってしっかりと復習したり、特典③ワンポイントWeb解説を確認したりして、苦手な論点を克服しましょう。

4 簿記の問題集(別売り)の模擬試験を3回分解く!

本試験形式の問題を解くことで、1〜3の知識がしっかり定着しているかを確認することができます。
また、ネット試験を受ける方は特典②模擬試験プログラムにもチャレンジしてみましょう。
さらに、本試験タイプの問題集※を解くこともオススメいたします。

※TAC出版刊行の本試験タイプの問題集:「合格するための本試験問題集」

★合格

本書購入の読者には、3つの特典をご用意しています。

③受験生のつまずき解消! 「ワンポイントWeb解説」

仕訳は覚えてしまえばなんとかなる…けど、そのほかの問題で点がとれない! とお悩みの受験生に向けて、代表的な出題形式である「月末仕掛品の計算」と「標準原価計算(製造間接費差異の分析)」について、動画で解説! どこに目をつけてどこから記入していけばよいのか、一目瞭然!
QRコードから動画をチェックして、理解を深めましょう。

模擬試験プログラム & 仕訳Webアプリへのアクセス方法

STEP 1 検索

↓

STEP 2 書籍連動ダウンロードサービス にアクセス

↓

STEP 3 パスワードを入力
230210481

↓

  Start!

簿記の教科書 日商2級 工業簿記

目　次

特集 本書が選ばれるワケ	………………	2
受験申込みから合格までの流れ	………………	4
なにが出題される？　2級編	………………	6
簿記の学習方法と合格までのプロセス	………	12
特別企画 はじめての工業簿記ザックリ講義	………	18
工業簿記の全体像	………………………………	2

CHAPTER 01　工業簿記の基礎 ——— 4

1	工業簿記と原価計算	5
2	原　価	7
3	製造原価の分類	8
4	原価計算の流れ	9

CHAPTER 02　材料費 ——— 14

1	材料費の分類	15
2	材料費の処理	17
3	材料費の計算	19
4	材料の棚卸減耗	23
5	予定消費単価を用いた場合の処理	25
	基本問題	33

CHAPTER 03　労務費 ——— 38

1	労務費の分類	39
2	賃金・給料を支払ったとき	41
3	賃金・給料の消費額の計算	42
4	賃金・給料を消費したとき	43

	5	予定賃率を用いた場合の処理	46
		基本問題	49

CHAPTER 04　経　費 — 52

	1	経費の分類	53
	2	経費の消費額の計算	54
	3	経費を消費したとき	55
		基本問題	57

CHAPTER 05　個別原価計算 — 60

	1	個別原価計算とは	61
	2	製造直接費の賦課	63
	3	製造間接費の配賦	63
	4	製品が完成し、引き渡したとき	66
	5	製造間接費の予定配賦	69
		基本問題	74

CHAPTER 06　部門別個別原価計算 — 80

	1	部門別個別原価計算とは	81
	2	製造部門と補助部門	82
	3	製造間接費の部門別計算	83
	4	製造部門費の予定配賦	95
		基本問題	99

CHAPTER 07　総合原価計算Ⅰ — 106

	1	総合原価計算とは	107
	2	月末仕掛品がある場合	108
	3	月初仕掛品がある場合	115
		基本問題	120

15

CHAPTER 08 総合原価計算Ⅱ ——————————— 124

1	工程別総合原価計算	……………………	125
2	組別総合原価計算	……………………	130
3	等級別総合原価計算	……………………	134
基本問題	……………………………………		138

CHAPTER 09 総合原価計算Ⅲ ——————————— 146

1	仕損・減損の処理	……………………	147
2	材料の追加投入	……………………	161
基本問題	……………………………………		168

CHAPTER 10 工業簿記における財務諸表 ————— 184

1	工業簿記における財務諸表	……………………	185
2	製造原価報告書の作成	……………………	186
3	損益計算書と貸借対照表の作成	……………………	188
4	原価差異の表示	……………………	189
基本問題	……………………………………		193

CHAPTER 11 本社工場会計 ——————————————— 198

1	工場会計の独立	……………………	199
2	工場会計を独立させた場合の仕訳	……………………	200
基本問題	……………………………………		204

CHAPTER 12　標準原価計算 ——————————— 208

1	標準原価計算とは ………………………………	209
2	原価標準の設定 ……………………………………	211
3	標準原価の計算 ……………………………………	212
4	原価差異の計算 ……………………………………	216
5	仕掛品勘定の記入方法 …………………………	218
6	原価差異の分析 ……………………………………	220
	基本問題 ……………………………………………	236

CHAPTER 13　直接原価計算 ——————————— 242

1	直接原価計算とは ………………………………	243
2	直接原価計算の特徴と損益計算書 …………	247
3	固定費調整とは ……………………………………	251
4	CVP分析 ……………………………………………	255
5	原価の変動費と固定費の分解 ………………	268
	基本問題 ……………………………………………	271

CHAPTER 14　参　考 ——————————————— 288

1	材料副費の予定計算 ……………………………	288
2	個別原価計算における仕損 …………………	291
3	製造間接費配賦差異の分析 …………………	292
4	固定予算による差異分析 ……………………	295

補助資料 ……………………………………………………	298
索引 …………………………………………………………	300

特別企画

日商簿記2級では、3級で学習した商業簿記に加えて、工業簿記(原価計算を含む)も試験範囲に入ってきます。
この工業簿記ってこれまで学んでいた商業簿記と何がちがうの? とか、原価計算って何? といったことをまずはザックリと見ておきましょう。

はじめての工業簿記

ザックリ講義

全体像

2級の試験科目には、商業簿記と工業簿記があるわけですが、この本では工業簿記について学習していきます。

商業簿記と工業簿記

商業簿記とは、商品売買業…仕入先から商品を仕入れ、そのままの形で利益をくっつけて売るといった形態の業種…を対象とした簿記をいいます。

工業簿記…製造業(メーカー)を対象とした簿記

これに対して、工業簿記は、製造業…メーカーを対象とした簿記をいいます。

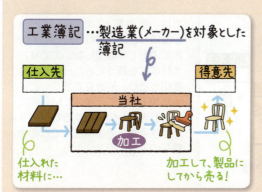

製造業とは何か？ というと、たとえば、木材という材料を仕入れてきて、その材料を切ったり、組み立てたり、色を塗ったり…といった加工（かこう）を施して、イスとか机などの製品を製造し、その完成した製品を販売する形態の業種をいいます。

工業簿記の基礎

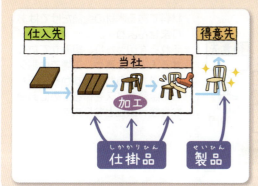

ちなみに、工業簿記では、完成品のことを製品、完成途中の未完成品のことを仕掛品（しかかりひん）といいます。
「仕掛品」って単語、バシバシ出てくるので、早めになれてくださいね。

ところで、商業簿記（商品売買業）では商品1個の利益を計算するのに、どんな計算をしたか覚えていますか？

商品売買業では、仕入れてきたものをそのままの形で売り上げるのだから、売った金額（売価）から仕入れた金額（仕入原価）を差し引けば、利益を計算することができますよね。簡単ですね〜。

では、製造業（工業簿記）はどうかというと、仕入れた材料をそのままの形では販売しないのです。木材などを買ってきたら、それらを切ったり、組み立てたり…といった加工をして、イスという完成品をお客さんに販売するわけです。そうすると、その原価ってどの金額なのでしょう？

材料である木材の金額だけではありませんよね…。
それらを切ったり、組み立てたりする人の人件費や、工場では電気や水道も使うわけですから、それらの金額もイスを作るために必要な金額＝原価となります。

もうひとつ身近な例をあげると、たとえばカレー作り…カレーの製造…ですね。
カレーを作るのに、ニンジンや玉ねぎなどの材料のほか、調理の人の人件費や、ガス代や電気代がかかってきます。
そういった金額もカレーを作るために必要な金額＝原価となります。

商業簿記 原価＝仕入れた金額
　　　　　→計算する必要はない

工業簿記 原価＝いろいろある
　　　　　→計算する必要がある

このように、商業簿記では原価を計算する必要がなかったのですが、工業簿記では原価を計算しなければならないのです。

工業簿記で「原価」といったら
　一般的に 製造原価のこと

ま〜ひとことで「原価」と言ってもいくつか種類があるのですが、工業簿記では一般的に、「原価」と言ったら製品の製造にかかる費用のこと（製造原価）をいいます。

そして、製造原価にはどんなものがあるかというと…

製造原価 ↓ 分類の仕方は いくつかあるけど、とりあえず… ↓	これもいくつかの分類があるのですが、一番おおもとになるものだけご紹介しておきますね。

材料費、労務費、経費の計算

製造原価 ─┬─ 材料費 　　　　├─ 労務費 　　　　└─ 経　費	製造原価には材料費、労務費、経費があります。

材料費 …材料にかかった費用

材料費というのは、材料にかかった費用ですね。

カレーならニンジンとか玉ねぎとか…。
それ以外にも塩とかコショウとかも使うので、塩やコショウの金額も材料費。

22

つづいて、労務費。
労務費というのは、人にかかった費用ですね。

料理をする人の手間賃（料理人の給料）とか、工場で働く事務員さんの給料とか…。

最後は経費。
経費というのは、材料と人以外にかかった費用です。

電気代とか、水道代とか、工場の減価償却費なども経費です。

これらの材料費、労務費、経費を集計して製品1個あたりの原価を計算していきます。

製品原価の計算方法

また、製品1個の原価を計算する方法には、**個別原価計算**と**総合原価計算**という方法があります。

たとえばオーダーメイドで作る高級ソファ。
オーダーメイドだから、Aさんから注文を受けたソファに、材料をどのくらい使ったか、が明らかですよね。

このように、オーダーメイド…難しいことばでいうと受注生産形態…に適用される原価計算を**個別原価計算**といいます。

一方、たとえば、鉛筆の場合。鉛筆は同じ規格のものを毎月大量に生産しますよね。
その原価を1本1本把握するのは無理です。

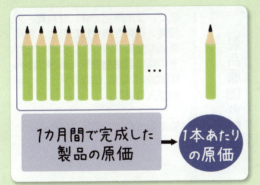

だから、1カ月間で完成した製品の原価をまとめて計算したあと、1個あたりの原価を計算する、という方法で製品1個あたりの原価を計算していきます。

このように、同じ規格の製品を毎月大量に生産する大量生産形態に適用される原価計算方法を総合原価計算といいます。

なお、総合原価計算には、製品の種類や製造手順、規格などの違いに応じて、次のような計算方法があります。

ま、これは本文でおいおい勉強していきましょう。

製造間接費の配賦

さて、工業簿記では、材料費、労務費、経費を集計したあと、製品原価の計算を行うといいましたが、その間に製造間接費（せいぞうかんせつひ）の配賦（はいふ）という手順が入ります。

製造間接費って何かというと…

たとえば、カレーを作る場合、材料として玉ねぎ、ニンジン、肉などを使いますよね？　これらは主役級の材料ですが、これら以外にも塩、コショウなども使います。また、ガス代などもかかりますよね。

主役級の材料は、カレーをつくるのにどのくらい使ったかが明らかにできるので、使った分の金額だけカレーの原価として集計すればよいのですが…

塩とかコショウなどの脇役級の材料や、さらにガス代なんて、カレーを作るのにどのくらい使ったかなんて、いちいち把握していられません。

こういった全体としていくらかかったかはわかるけれども、どの製品のものかまでは明らかではない原価…これを製造間接費というのですが…をどのようにして製品の原価に割り当てるのか、というのが製造間接費の配賦ということになります。

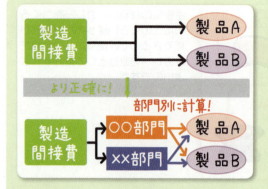

また、製造間接費の配賦をさらに正確に行うため、製造間接費を部門（部署みたいなもの）ごとに把握してから、製品に割り当てるという方法もあります。
これを部門別原価計算といいます。

こんな流れで、製品の原価を計算していきます。

この流れを頭において、いま、どの部分を勉強しているかを確認しながら学習を進めましょう。

標準原価計算と直接原価計算

標準原価計算

直接原価計算

2級工業簿記では、これ以外に標準原価計算と直接原価計算というものも学習します。

標準原価計算

目標となる原価	実際の原価
1個あたり 650円 のところ	1個あたり 720円 かかったけど？

→ 原価のムダを把握 → 改善！

標準原価計算とは、原価のムダを見つけ、改善するための原価計算です。
簡単に説明すると、あらかじめ目標となる原価を決めておいて、実際にかかった原価と比べて、どこにどれだけ原価のムダがあったかを把握するのです。そうすると、そのムダや非効率を改善するために役立てることができるのです。

直接原価計算

目標利益　××円！

…ということは いくら売り上げればいい？ どれだけ費用を おさえるべきか？

つづいて、直接原価計算です。
直接原価計算とは、たとえば「来年、これだけの利益をあげるためには、いくら売り上げなければならないか」とか「どれだけ費用をおさえなければならないか」といった、利益計画に役立つ原価計算をいいます。

標準原価計算　…　**原価**に注目
直接原価計算　…　**利益**に注目

標準原価計算では、「原価」に注目しますが、直接原価計算では「利益」に注目します。

直接原価計算

変動費 → 製品の生産量に比例して発生する原価

固定費 → 生産量にかかわらず一定額が発生する原価

また、直接原価計算では、原価を変動費と固定費に分けて計算するというのが特徴となります。

おわりのまとめ

そのほか、工業簿記の財務諸表とか、本社工場会計といった内容もありますが、2級の工業簿記の内容をザックリ見ると、こんな感じです。

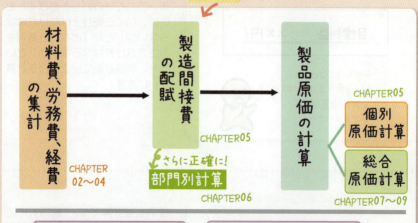

流れを確認しながら、学習を進めていきましょうね。
それでは本文でお待ちしております。

日商 **2** 級 工業簿記

簿記の教科書

よーし！モヤモヤ
解消するぞー！！

工業簿記の全体像

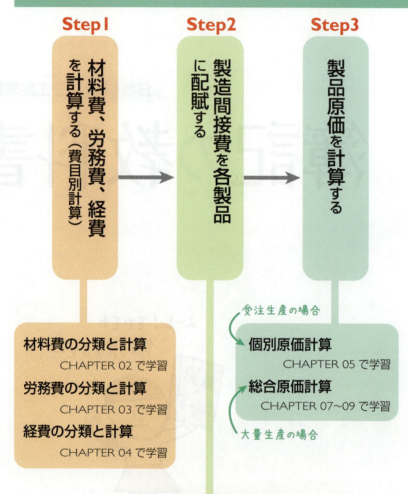

その他のテーマ

財務諸表を作成する

本社会計から工場会計を独立させた場合の記帳

原価のムダをみつけ、改善するための原価計算

次期の予算を立てるさいに役立つ原価計算

工業簿記における財務諸表
CHAPTER 10 で学習

損益計算書

製造原価報告書

標準原価計算
CHAPTER 12 で学習

本社工場会計
CHAPTER 11 で学習

直接原価計算
CHAPTER 13 で学習

CHAPTER 01
工業簿記の基礎

◆工業簿記の全体像をとらえよう！

　ここでは、工業簿記の基礎についてみていきます。
　CHAPTER 01の内容は試験で出題されることはありませんが、工業簿記を学習するにあたって、基礎となる部分です。全体像をしっかりイメージしてください。

工業簿記の基礎（全体像）CHAPTER 01

- 材料費の分類と計算　CHAPTER 02
- 労務費の分類と計算　CHAPTER 03
- 経費の分類と計算　CHAPTER 04

- 製造間接費の配賦　CHAPTER 05
- 製造間接費の部門別計算　CHAPTER 06

- 個別原価計算　CHAPTER 05
- 総合原価計算　CHAPTER 07〜09

- 工業簿記における財務諸表　CHAPTER 10
- 本社工場会計　CHAPTER 11
- 標準原価計算　CHAPTER 12
- 直接原価計算　CHAPTER 13

1 工業簿記と原価計算

I 商業簿記と工業簿記とは

3級と2級商業簿記では、**商業簿記**について学習しましたが、本書では**工業簿記**について学習します。

1 商業簿記とは

商業簿記とは、商品を仕入れ、それをそのままの形で販売するといった商品売買業を対象とした簿記をいいます。

2 工業簿記とは

工業簿記とは、材料を仕入れ、その材料に切る、組み立てる、色を塗るなどの加工を施して製品を製造し、完成した製品を販売するといった製造業（メーカー）を対象とした簿記をいいます。

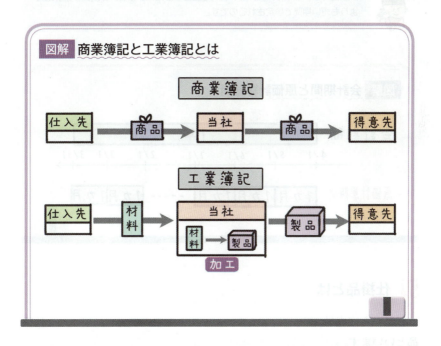

図解 商業簿記と工業簿記とは

5

II 原価計算とは

　製造業では、材料に切る、組み立てるなどの加工を施すため、製品の製造にかかった費用（材料費や人件費、水道光熱費など）を計算しなければなりません。この製品の製造にかかった費用を**原価**といい、製品の原価を計算することを**原価計算**といいます。

III 会計期間と原価計算期間

　工業簿記でも商業簿記と同様、**会計期間**は1年ですが、工業簿記では会計期間のほかに、一定期間に発生した原価を集計するための期間である**原価計算期間**があります。
　原価計算期間は、毎月月初から月末までの1カ月間となります。

> **ひとこと**
> 原価のムダを早めに発見し、これを改善するため、原価計算期間は会計期間よりも短い期間で設定されるのです。

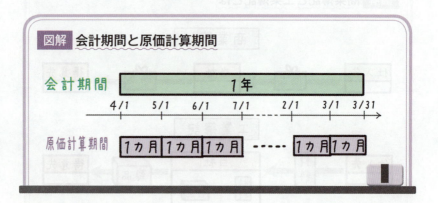

IV 仕掛品とは

　材料から完成品（製品）になるまでの、加工途中の未完成品のことを**仕掛品**といいます。

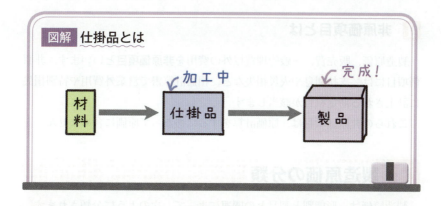

2 原　価

I 原価とは

　工業簿記において原価とは、製品の製造にかかった費用のことをいい、この場合の原価を**製造原価**といいます。
　また、原価をもう少し広くとらえると、製品の販売にかかった**販売費**や会社全体の管理活動にかかった**一般管理費**も原価に含まれます。
　製造原価に販売費や一般管理費を含めた場合の原価を**総原価**といいます。

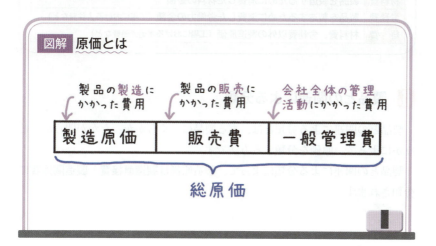

Ⅱ 非原価項目とは

　製造原価、販売費、一般管理費以外の費用を**非原価項目**といいます。非原価項目には、支払利息や火災損失など、損益計算書で営業外費用や特別損失に計上される勘定科目が該当します。

　これらの非原価項目は、原価計算をするにあたって原価に含めません。

3 製造原価の分類

　製造原価は、形態別と製品との関連によって、次のように分類されます。

Ⅰ 形態別分類

　形態別分類とは、製品の製造にあたって、何を使ってどんな原価が発生したのかによって分類する方法です。

　形態別分類によって、製造原価は**材料費**、**労務費**、**経費**に分類されます。

●形態別分類	
材料費	製品を製造するために消費した材料の金額
労務費	製品を製造するために消費した労働力の金額（工場における人件費など）
経　費	材料費、労務費以外の製造原価（工場における水道光熱費など）

Ⅱ 製品との関連による分類

　製品との関連による分類とは、ある製品にいくらかかったかが明らかかどうかによって、原価を分類する方法です。

　製品との関連による分類によって、製造原価は**製造直接費**と**製造間接費**に分類されます。

●製品との関連による分類

製造直接費	ある製品にいくらかかったかが明らかな原価
製造間接費	ある製品にいくらかかったかが明らかではない原価

以上より、製造原価の分類をまとめると、次のようになります。

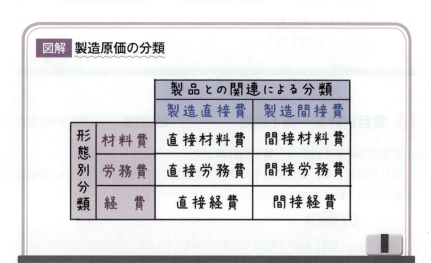

4 原価計算の流れ

Ⅰ 原価計算の流れ

原価計算は、通常、次の3段階で行います。

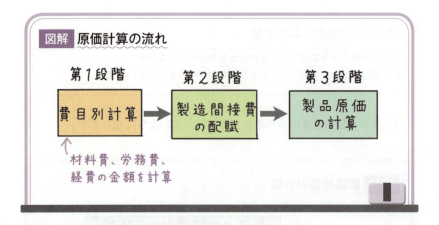

Ⅱ 費目別計算…第１段階

  　詳しくは CH.02〜04で学習します

 原価計算の第１段階は、**費目別計算**です。

 費目別計算とは、製造原価を材料費、労務費、経費に分類し、その消費額を計算する手続きです。

> 「消費」とは、「使う」ことをいいます。ですから、「消費額」といったら、「使った金額」ということになります。

 材料費、労務費、経費のうち、ある製品にいくら使ったかが明らかな製造直接費（直接材料費、直接労務費、直接経費）は、それぞれの費目別の勘定から**仕掛品勘定**に振り替えます。

 一方、ある製品にいくら使ったかが明らかではない製造間接費（間接材料費、間接労務費、間接経費）は、それぞれの費目別の勘定からいったん**製造間接費勘定**に振り替えておきます。

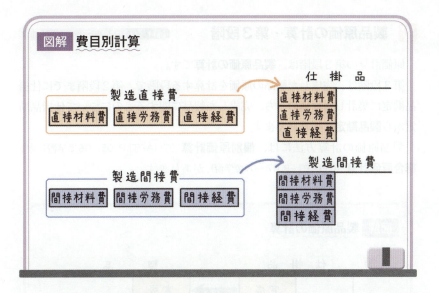

III 製造間接費の配賦…第2段階

詳しくは CH.05〜06で学習します

原価計算の第2段階は、**製造間接費の配賦**です。

第2段階では、第1段階で製造間接費勘定に集計した金額を、作業時間など、なんらかの基準にもとづいて各製品（**仕掛品勘定**）に振り分けます。

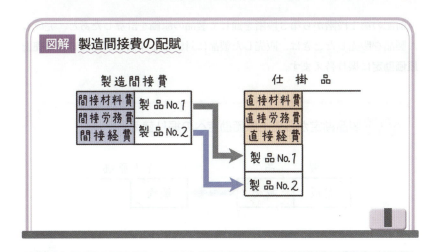

Ⅳ 製品原価の計算…第3段階

詳しくは CH.05〜09で学習します

原価計算の第3段階は、**製品原価の計算**です。

第3段階は、完成した製品の原価を計算する段階で、第2段階までに仕掛品勘定に集計した原価のうち、完成した製品に関するものについて仕掛品勘定から**製品勘定**に振り替えます。

製品原価の計算方法には、**個別原価計算**（CHAPTER 05、06で学習）と、**総合原価計算**（CHAPTER 07〜09で学習）があります。

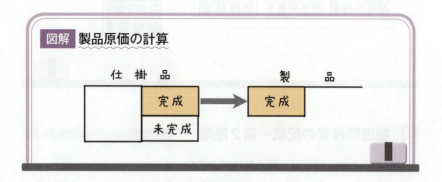

Ⅴ 製品勘定から売上原価勘定への振り替え

前記の第1段階から第3段階を通じて製品の原価を計算したあと、完成した製品を販売したときは、販売した製品に対応する原価を製品勘定から**売上原価勘定**に振り替えます。

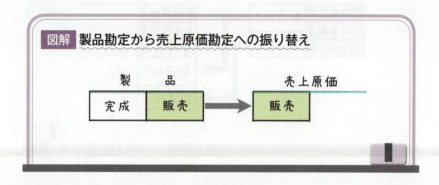

以上より、勘定の流れをまとめると、次のようになります。

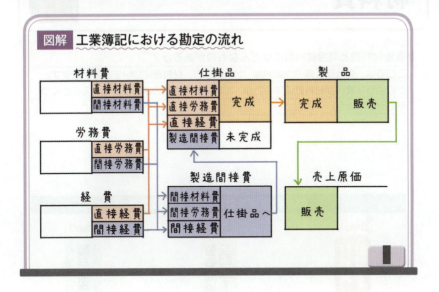

CHAPTER 02
材料費

◆直接材料費と間接材料費にはどんなものがあるか？

　ここでは、費目別計算（原価計算の第1段階）のうち、材料費についてみていきます。
　どのような費目が材料費になるのか、また材料費はどのように計算するのかについてみてみましょう。

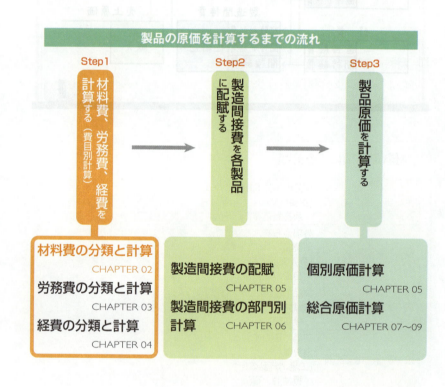

1 材料費の分類

Ⅰ 材料と材料費とは

材料とは、製品を製造するために使われる物品のことをいい、この物品の消費額を**材料費**といいます。

Ⅱ 材料費の分類

材料費は、その種類および製品との関連によって、次のように分類されます。

1 材料の種類による分類

どのような種類の材料を使ったかによって材料費を分類すると、次のようになります。

●材料の種類による分類

主 要 材 料 費	製品の本体を構成する材料の消費額 [主要材料の例] 　家具製造業における木材、パン製造業における小麦粉など
買 入 部 品 費	外部から購入し、そのまま製品に取り付けるだけの部品の消費額 [買入部品の例] 　自動車製造業におけるタイヤなど
補 助 材 料 費	製品の製造のために補助的に使われる材料の消費額 [補助材料の例] 　接着剤、ペンキなど
工 場 消 耗 品 費	工場で製品を製造するために、補助的に使われる消耗品の消費額 [工場消耗品の例] 　機械油、石鹸、軍手など
消耗工具器具備品費	耐用年数が1年未満または金額が比較的小さい工具や器具、備品の消費額 [消耗工具器具備品の例] 　ハンマー、ドライバー、はかり、イス、机など

15

2 製品との関連による分類

　材料費は、ある製品にいくらかかったかが明らかかどうかによって、直接材料費と間接材料費に分類されます。

●製品との関連による材料費の分類

直接材料費	ある製品にいくらかかったかが直接的に把握できる材料費。**主要材料費、買入部品費**は直接材料費
間接材料費	ある製品にいくらかかったかが直接的に把握できない材料費。**補助材料費、工場消耗品費、消耗工具器具備品費**は間接材料費

以上より、材料費の分類をまとめると、次のようになります。

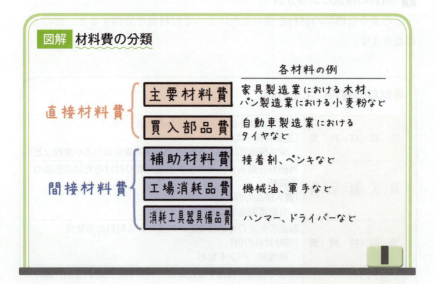
図解　材料費の分類

2 材料費の処理

I 材料を購入したとき

　材料を購入したときは、購入した材料そのものの金額（**購入代価**）に、購入手数料や引取運賃などの**付随費用**（**材料副費**）を加算した金額（**購入原価**）で処理します。

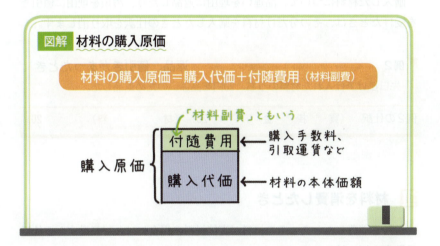

例1			材料を購入したとき

　材料1,000円を仕入れ、代金は掛けとした。なお、引取運賃100円は現金で支払った。

例1の仕訳	（材　　　料）	1,100*	（買　掛　金）	1,000
			（現　　　金）	100

　＊　1,000円＋100円＝1,100円

　　　　　　　　　　　材　　　料
　　　　　　　┌─────────────
　　　　　　　│ 当月購入
　　　　　　　│ 1,100

> **ひとこと**
>
>
> 材料の購入原価に含める付随費用（材料副費）は、**外部材料副費**と**内部材料副費**に分類されます。外部材料副費と内部材料副費について、詳しくは巻末の参考で説明していますので、余裕のある人は読んでおいてください。

II 返品、値引きがあったとき

　購入した材料について、品違いを理由に返品したり、汚損を理由に値引きを受けたときは、その分だけ材料を購入したときの仕訳を取り消します。

例2　　　　　　　　　　　　　　　　　　　　返品、値引きがあったとき
先日掛けで仕入れた材料のうち、20円を品違いのため返品した。

例2の仕訳	（買　掛　金）	20	（材　　　料）	20

III 材料を消費したとき

　材料を消費したとき、その材料が直接材料の場合には、材料勘定から**仕掛品勘定**に振り替えます。
　また、その材料が間接材料のときには、材料勘定から**製造間接費勘定**に振り替えます。

例3　　　　　　　　　　　　　　　　　　　　　　材料を消費したとき
　材料500円を消費した。このうち300円は直接材料費で、200円は間接材料費である。

例3の仕訳	（仕　掛　品）	300	（材　　　料）	500
	（製造間接費）	200		

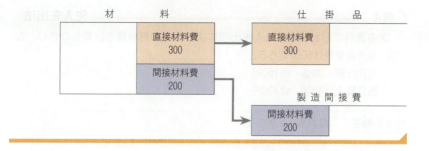

3 材料費の計算

材料費は、消費した材料の単価（**消費単価**）に消費した数量（**消費数量**）を掛けて計算します。

材料費＝消費単価×消費数量

I 消費単価の決定

材料費を計算するさいの消費単価は、材料の実際購入原価にもとづいて決定しますが、購入単価は、仕入先の違いや仕入時期によって異なってきます。そのため、どの単価を用いるのかが問題になります。
材料の消費単価の決定方法には、**先入先出法**と**平均法**があります。

1 先入先出法

Review 2級 商業簿記

先入先出法は、先に受け入れた材料から先に払い出したと仮定して、材料の消費単価を決定する方法です。

例4　　　　　　　　　　　　　　　　　　　　　　　　先入先出法

次の資料にもとづき、先入先出法により当月の材料費を計算しなさい。なお、当月消費量は50個である。
　　月初在庫　20個　@100円
　　当月購入　40個　@130円

例4の解答　　材料費：**5,900**円＊

＊　@100円×20個＋@130円×(50個－20個)＝5,900円

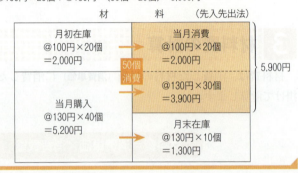

2 平均法
　　　　　　　　　　　　　　　　　　　　　　　　　Review　2級 商業簿記

平均法には、**移動平均法**と**総平均法**がありますが、工業簿記でよく出題されるのは、総平均法なので、このテキストでは総平均法について説明します。

総平均法は、一定期間における平均単価を計算し、この平均単価を消費単価とする方法です。

平均単価を求める計算式を示すと次のとおりです。

$$平均単価 = \frac{月初有高＋当月購入高}{月初在庫数量＋当月購入数量}$$

例5 総平均法

次の資料にもとづき、総平均法により当月の材料費を計算しなさい。なお、当月消費量は50個である。

月初在庫　20個　@100円
当月購入　40個　@130円

例5の解答　材料費：**6,000**円＊

＊　平均単価：$\dfrac{@100円 \times 20個 + @130円 \times 40個}{20個 + 40個} = @120円$

　　材　料　費：@120円×50個＝6,000円

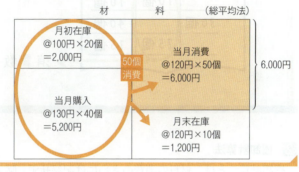

II 消費数量の計算

材料費を計算するさいの消費数量の計算方法には、**継続記録法**と**棚卸計算法**があります。

1 継続記録法

継続記録法とは、材料の購入や消費のつど、材料元帳などの帳簿に記録し、帳簿に記録された払出数量を消費数量とする方法をいいます。

継続記録法は、つねに在庫数を把握できる、月末に実地棚卸をすることによって棚卸減耗を把握できる、というメリットがありますが、消費のつど帳簿に記録しなければならないので、手間がかかるというデメリットがあります。

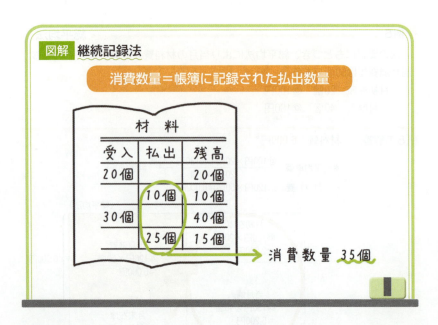

2 棚卸計算法

　棚卸計算法とは、材料の消費のさいには記録せず、購入数量と月末実地棚卸数量との差によって当月の消費数量を計算する方法をいいます。
　棚卸計算法は、材料の消費時に帳簿に記録しないため、手間が省けるというメリットがありますが、月末になるまで消費数量が計算できない、棚卸減耗を把握することができない、というデメリットがあります。

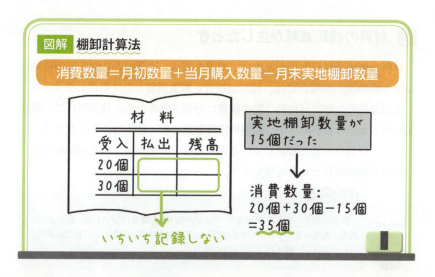

4 材料の棚卸減耗

I 棚卸減耗とは

　材料の保管や運搬、入出庫のさいに数量が減少し、帳簿棚卸数量よりも実地棚卸数量が少ないことがあります。この場合の材料の減少を**棚卸減耗**といい、棚卸減耗によって生じた減少額を**棚卸減耗費**といいます。

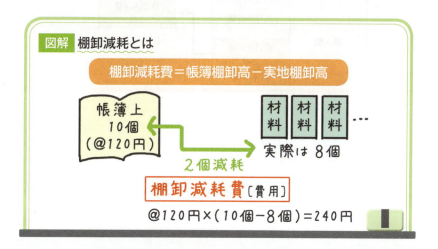

Ⅱ 材料の棚卸減耗が生じたとき

　材料の棚卸減耗が生じたときは、原因を調べ、通常起こり得る範囲の減耗（正常な棚卸減耗）の場合には、棚卸減耗費を**製造原価**として処理します。

　正常な範囲の棚卸減耗費は**間接経費**に分類されるため、具体的には、棚卸減耗費の分だけ材料勘定から**製造間接費勘定**に振り替えることになります。

　なお、材料が大量に減耗している場合など、異常な場合の棚卸減耗費については非原価項目として処理します。

> **ひとこと**
> 　異常な量や、異常な原因など（異常な棚卸減耗）の場合については、棚卸減耗費を、営業外費用や特別損失の項目として処理します。ただし、2級では異常な棚卸減耗が出題されることはありません。

例6　　　　　　　　　　　　　　材料の棚卸減耗が生じたとき

　月末における材料の帳簿棚卸数量は10個（消費単価は@120円）、実地棚卸数量は8個であった。この棚卸減耗は正常な範囲内のものである。

例6の仕訳　（製 造 間 接 費）　　240*　（材　　　　料）　　240

　　＊　@120円×(10個−8個)＝240円

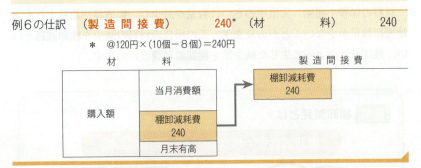

5 予定消費単価を用いた場合の処理

I 予定消費単価とは

　ここまでは、実際の購入単価を用いて材料費を計算してきましたが、実際の購入単価に代えて、あらかじめ決められた消費単価（**予定消費単価**）を用いて材料費を計算することも認められています。

これならわかる!!

　実際の購入単価を用いると、同じ材料を使って、同じ製品を製造したにもかかわらず、仕入先や仕入時期の違いから材料費が異なってしまうということがあります。

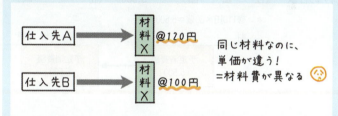

　また、消費単価を総平均法で計算している場合、一定期間が終了しないと消費単価の計算ができず、材料費の計算が遅れてしまうという欠点があります。

```
5/2  仕入  @120円
5/6  仕入  @100円
       :
```

総平均法の場合、
5/31にならないと
材料費の計算ができない
→計算が遅れる！

　これらの欠点を解消するため、予定消費単価が用いられるのです。

予定消費単価：@110円 と決めると…
・仕入先が異なっても、仕入時期が異なっても、
　材料費は@110円で計算される！
・月末まで待たなくても材料費の計算ができる！

Ⅱ 材料を消費したとき

予定消費単価を用いた場合で、材料を消費したときは、予定消費単価に実際消費量を掛けて材料費を計算します。

> 材料費（予定消費額）＝予定消費単価×実際消費量

例7 ────────────────────── 材料を消費したとき（予定消費額）
当月に材料50個を直接材料として消費した。なお、予定消費単価は@110円である。

例7の仕訳　（仕　　掛　　品）　5,500*　（材　　　　料）　5,500

＊　@110円×50個＝5,500円

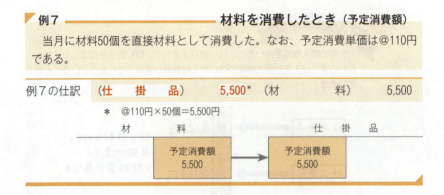

Ⅲ 月末の処理

予定消費単価を用いて材料の予定消費額を計算した場合でも、月末に実際単価を用いて材料の実際消費額を計算します。

そして、予定消費額と実際消費額との差額を、**材料勘定**から**材料消費価格差異勘定**に振り替えます。

具体的には、予定消費額が実際消費額になるように**材料勘定**の金額を調整します。

これならわかる!!

たとえば、予定消費単価が@110円、実際消費量が50個の場合、予定消費額は5,500円（@110円×50個）です。この時点で**材料勘定**の貸方に「5,500円」が記入されます。

月末において実際消費額を計算したら6,000円だったとしましょう。
実際消費額は6,000円なのに、材料を消費したときに材料勘定の貸方に「5,500円」と記入しているので、材料の消費額が6,000円となるように調整します。具体的には、**材料勘定**の貸方に500円（6,000円－5,500円）を記入します。このときの相手科目は**材料消費価格差異**で処理します。

仕訳：（**材料消費価格差異**） 500 （**材　　　料**） 500

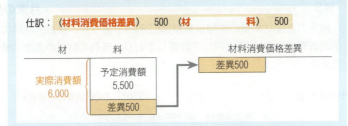

一方、月末における実際消費額が5,250円だった場合には、材料の消費額が予定消費額5,500円から実際消費額5,250円になるように、**材料勘定**の借方に250円（5,500円－5,250円）を記入します。そして、相手科目は**材料消費価格差異**で処理します。

仕訳：（**材　　　料**） 250 （**材料消費価格差異**） 250

予定消費額は「予定消費単価×実際消費量」で計算します。一方、実際消費額は「実際購入単価（実際消費単価）×実際消費量」で計算します。つまり、予定消費額と実際消費額との差額は、単価（価格）の違いから生じたものということになります。そのため、この場合の差異を**材料消費価格差異**というのです。

例8 ──────────────── 月末の処理①

当月の直接材料費の実際消費額は6,000円であった。なお、材料の消費時に予定消費単価@110円を用いて計算しており、当月の材料の実際消費量は50個である。

例8の仕訳　（材料消費価格差異）　500　（材　　　料）　500*

* 予定消費額：@110円×50個＝5,500円
  材料消費価格差異：6,000円－5,500円＝500円

例9 ──────────────── 月末の処理②

当月の直接材料費の実際消費額は5,250円であった。なお、材料の消費時に予定消費単価@110円を用いて計算しており、当月の材料の実際消費量は50個である。

例9の仕訳　（材　　　料）　250*　（材料消費価格差異）　250

* 予定消費額：@110円×50個＝5,500円
  材料消費価格差異：5,500円－5,250円＝250円

Ⅳ 不利差異（借方差異）と有利差異（貸方差異）

　材料の実際消費額が予定消費額を超える場合、予定していたよりも多くの材料費が発生してしまったことを意味します。これは会社にとってよくないこと（不利な差異）なので、この場合の差異を**不利差異**といいます。

　不利差異の場合、**材料消費価格差異勘定**の借方に金額が計上されるので、不利差異のことを**借方差異**ともいいます。

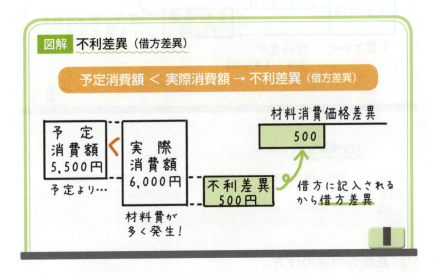

ひとこと

　実際の**材料費**[費用]が多く発生した　→会社にとって不利→不利差異
　　　　　　　　　　　　　　　　　　　→費用の発生は借方に記入→借方差異
と覚えておきましょう。

　一方、材料の実際消費額が予定消費額よりも少ない場合、予定していたよりも少ない材料費ですんだことを意味します。これは会社にとってよいこと（有利な差異）なので、この場合の差異を**有利差異**といいます。

　有利差異の場合、**材料消費価格差異勘定**の貸方に金額が計上されるので、有利差異のことを**貸方差異**ともいいます。

図解 **有利差異（貸方差異）**

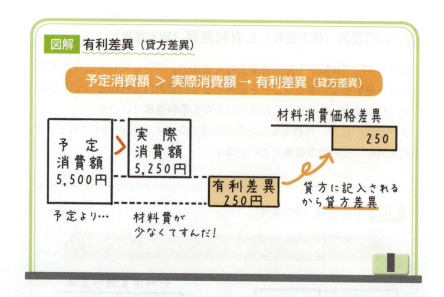

> **ひとこと**
>
> 実際の**材料費**[費用]が少なくてすんだ →会社にとって有利→有利差異
> 　　　　　　　　　　　　　　　　　　　→費用の減少は貸方に記入→貸方差異
> と覚えておきましょう。

Ⅴ 差異の判定の仕方

　差異の種類が不利差異（借方差異）になるのか、有利差異（貸方差異）になるのかを判定するときには、予定消費額から実際消費額を差し引いて、その符号（＋、－）によって判定するとミスが生じにくくなります。

　予定消費額から実際消費額を差し引いた値がマイナスの値になるときは、予定消費額を超えて実際消費額が発生しているため、不利差異（借方差異）となります。

　一方、予定消費額から実際消費額を差し引いた値がプラスの値になるときは、予定消費額よりも実際消費額が少ないため、有利差異（貸方差異）となります。

> **ひとこと**
>
> 必ず「予定消費額から実際消費額を差し引く」ということを覚えておいてください。なお、この判定は材料消費価格差異の場合だけではなく、賃率差異（CHAPTER 03 ⑤）や製造間接費配賦差異（CHAPTER 05 ⑤）、標準原価計算の差異分析（CHAPTER 12 ⑥）の場合にも用います。

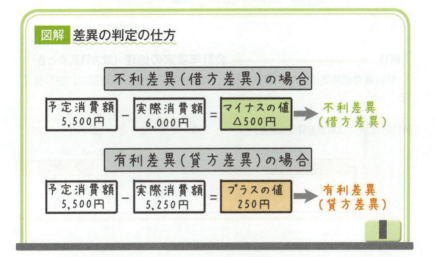

Ⅵ 会計年度末の処理

　予定消費単価を用いた場合、会計年度末において、月末ごとに計上された材料消費価格差異の残高を**売上原価勘定**に振り替えます。

　具体的には、材料消費価格差異が借方残高（不利差異＝借方差異）の場合は**売上原価勘定**の借方に振り替え、材料消費価格差異が貸方残高（有利差異＝貸方差異）の場合は**売上原価勘定**の貸方に振り替えます。

例10 ──────────────── **会計年度末の処理（借方残高のとき）**

材料消費価格差異勘定の残高500円（借方残高）を売上原価勘定に振り替える。

例10の仕訳　（**売 上 原 価**）　　　500　（材料消費価格差異）　　　500

材料消費価格差異	売 上 原 価
残高500 → 500 →	500

例11 ──────────────── **会計年度末の処理（貸方残高のとき）**

材料消費価格差異勘定の残高250円（貸方残高）を売上原価勘定に振り替える。

例11の仕訳　（材料消費価格差異）　　　250　（**売 上 原 価**）　　　250

材料消費価格差異	売 上 原 価
250 ← 残高250	250

CHAPTER 02　材料費　基本問題

問1　材料費の分類　|解答用紙あり|

次の資料にもとづいて、直接材料費と間接材料費の金額を計算しなさい。

［資　料］
　主要材料費　6,000円　補助材料費　1,000円　買入部品費　3,000円
　工場消耗品費　2,000円　消耗工具器具備品費　1,500円

問2　材料費の処理

次の取引について仕訳しなさい。なお、勘定科目は［　　］内に示すものの中から選ぶこと。
［勘定科目：現金、材料、仕掛品、買掛金、製造間接費］

(1)　材料20,000円を仕入れ、代金は掛けとした。なお、引取運賃500円は現金で支払った。
(2)　以前、掛けで仕入れた材料のうち、1,000円を品違いのため返品した。なお、同額の買掛金を減額する。
(3)　材料15,000円を消費した。このうち10,000円は直接材料費で、5,000円は間接材料費である。

問3　材料費の計算　|解答用紙あり|

次の資料にもとづいて、(1)先入先出法および(2)平均法により、当月の材料消費額を計算しなさい。

［資　料］
　前月繰越高　100個　＠320円
　当月仕入高　900個　＠220円
　当月消費高　800個

問4 材料の棚卸減耗

次の資料にもとづいて、材料の棚卸減耗に関する仕訳をしなさい。なお、勘定科目は〔　〕内に示すものの中から選ぶこと。

〔勘定科目：材料、仕掛品、製造間接費〕

〔資　料〕

月末における材料の帳簿棚卸数量は100個（消費単価は@250円）、実地棚卸数量は90個であった。この棚卸減耗は正常な範囲内のものである。

問5 予定消費単価を用いた場合の処理

次の一連の取引について仕訳しなさい。なお、勘定科目は〔　〕内に示すものの中から選ぶこと。

〔勘定科目：材料、仕掛品、製造間接費、材料消費価格差異〕

(1) 当月に材料100個（うち、80個は直接材料、20個は間接材料）を消費した。なお、材料費の計算には予定消費単価@180円を用いて処理している。

(2) 月末において、材料消費価格差異を計上する。材料の月初棚卸数量は30個（@220円）、当月購入数量は120個（@180円）である。棚卸減耗は生じていない。なお、材料の払出単価の計算は平均法によっている。

解答

問1 材料費の分類

直接材料費: 9,000円 *1

間接材料費: 4,500円 *2

*1 6,000円 + 3,000円 = 9,000円
　　主要材料費　買入部品費

*2 1,000円 + 2,000円 + 1,500円 = 4,500円
　　補助材料費　工場　　消耗工具
　　　　　　　消耗品費　器具備品費

問2 材料費の処理

(1) （材　　　　料）20,500 （買　掛　金）20,000
　　　　　　　　　　　　　（現　　　金）　　500
(2) （買　掛　金） 1,000 （材　　　料） 1,000
(3) （仕　掛　品） 10,000 （材　　　料）15,000
　　（製造間接費） 5,000

問3 材料費の計算

(1) 先入先出法: 186,000円
(2) 平　均　法: 184,000円

〈解説〉
(1) 先入先出法

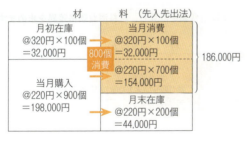

(2) 平均法

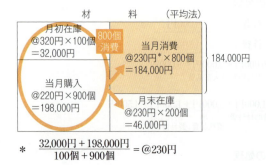

* $\dfrac{32,000円 + 198,000円}{100個 + 900個} = @230円$

問4 材料の棚卸減耗

| （製　造　間　接　費） | 2,500* | （材　　　料） | 2,500 |

* @250円 ×（100個 − 90個）＝ 2,500円

問5 予定消費単価を用いた場合の処理

(1)

| （仕　　掛　　品） | 14,400*1 | （材　　　料） | 18,000 |
| （製　造　間　接　費） | 3,600*2 | | |

(2)

| （材料消費価格差異） | 800 | （材　　　料） | 800 |

*1　@180円 × 80個 ＝ 14,400円
*2　@180円 × 20個 ＝ 3,600円

〈解説〉

　平均法によって、実際消費額を計算し、材料消費価格差異を求めます。

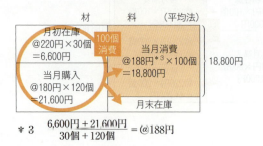

*3　$\dfrac{6,600円 + 21,600円}{30個 + 120個} = @188円$

材料消費価格差異：18,000円 − 18,800円 ＝ △800円（不利差異・借方差異）
　　　　　　　　　予定消費額　実際消費額

MEMO

CH
02
材料費

基本問題

37

CHAPTER 03

労務費

◆労務費も直接労務費と間接労務費に分類される！

ここでは、費目別計算（原価計算の第1段階）のうち、労務費についてみていきます。

労務費は人に関する原価です。どのような費目が労務費になるのか、また労務費はどのように計算するのかについてみてみましょう。

製品の原価を計算するまでの流れ

Step1 材料費、労務費、経費を計算する（費目別計算）
→
Step2 製造間接費を各製品に配賦する
→
Step3 製品原価を計算する

Step1:
- 材料費の分類と計算　CHAPTER 02
- 労務費の分類と計算　CHAPTER 03
- 経費の分類と計算　CHAPTER 04

Step2:
- 製造間接費の配賦　CHAPTER 05
- 製造間接費の部門別計算　CHAPTER 06

Step3:
- 個別原価計算　CHAPTER 05
- 総合原価計算　CHAPTER 07〜09

1 労務費の分類

Ⅰ 労務費とは

労務費とは、製品の製造のため、工場で働く人にかかる費用をいいます。

Ⅱ 工員とは

製品の製造にかかわる従業員のことを**工員**といいます。

工員のうち、材料を切る、組み立てるなど製品の製造に直接かかわる人を**直接工**といい、機械等の修繕、材料や製品の運搬など製品の製造に直接かかわらない人を**間接工**といいます。

直接工は材料を切る、組み立てるなど、製品の製造に直接かかわる作業をしますが、場合によっては修繕や運搬など、製品の製造に直接かかわらない作業をすることもあります。

直接工の作業のうち、製品の製造に直接かかわる作業を**直接作業**といい、製品の製造に直接かかわらない作業を**間接作業**といいます。

図解 工員とは

直接工…製品の製造に直接かかわる人
　↳材料を切るとか、組み立てるとか…
　　＝直接作業
　　たまに製品の製造に直接かかわらない作業
　　＝間接作業をすることもある

間接工…製品の製造に直接かかわらない人
　↳機械の修繕とか、製品の運搬とか…

Ⅲ 労務費の分類

労務費は、その種類および製品との関連によって、次のように分類されます。

1 労務費の種類による分類

労務費を職務内容によって分類すると、次のようになります。

●労務費の種類による分類

賃　　　金	工員（製品の製造にかかわる従業員）に支給される給与
給　　　料	工場の事務職員や工場長（監督者）など、製品の製造にかかわらない従業員に支給される給与
従業員賞与手当	工員や事務職員などの従業員に支給される賞与や家族手当、通勤手当など
退職給付費用	従業員の退職に備えて費用計上された金額
法定福利費	健康保険料、雇用保険料などの社会保険料のうち会社負担分

---

2 製品との関連による分類

労務費は、ある製品にいくらかかったかが明らかかどうかによって、直接労務費と間接労務費に分類されます。

●製品との関連による労務費の分類

直接労務費	ある製品にいくらかかったかが直接的に把握できる労務費。**直接工の直接作業賃金**は直接労務費
間接労務費	ある製品にいくらかかったかが直接的に把握できない労務費。**直接工の直接作業賃金以外の労務費**はすべて間接労務費

以上より、労務費の分類をまとめると、次のようになります。

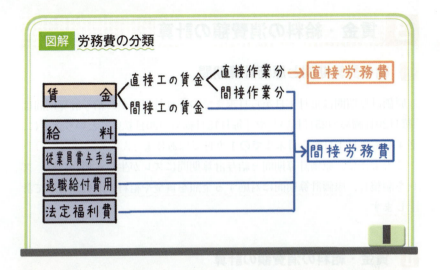

2 賃金・給料を支払ったとき

賃金や給料を支払ったときは、**賃金**[費用]や**給与**[費用]で処理します。

また、賃金や給料の支払時に控除した源泉所得税や社会保険料は**預り金**[負債]で処理します。

例1　賃金・給料を支払ったとき

当月の賃金支給額1,000円から源泉所得税100円を控除した残額を現金で支払った。

例1の仕訳	（**賃　　　金**）	1,000	（預　り　金）	100
			（現　　　金）	900

```
         賃        金
      ┌─────────┐
      │ 当月支給    │
      │  1,000     │
      └─────────┘
```

41

3 賃金・給料の消費額の計算

I 給与計算期間と原価計算期間

　原価計算期間は毎月1日から月末までの1カ月ですが、給与計算期間は「毎月20日締めの25日払い」や「毎月15日締めの20日払い」というように、必ずしも毎月1日から月末までの1カ月ではありません。
　このように、原価計算期間と給与計算期間にズレが生じる場合には、ズレを調整し、原価計算期間に対応する金額を賃金や給料の消費額として計上します。

II 賃金・給料の消費額の計算

　賃金や給料の消費額は次の計算式によって求めます。

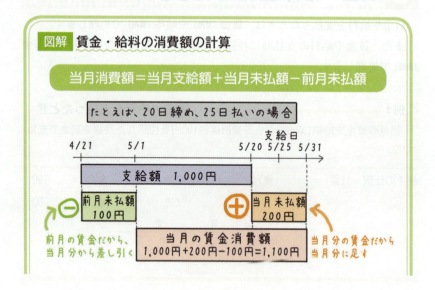

CH 03 労務費

賃金・給料の消費額の計算／賃金・給料を消費したとき

仕訳でいうなら…

4/30 前月末：(賃　　金)　 100　(未払賃金)　 100 …費用の見越し
5/1　当月初：(未払賃金)　 100　(賃　　金)　 100 …再振替仕訳
5/25 支給時：(賃　　金)1,000　(現　　金)1,000 …支給時の仕訳
5/31 当月末：(賃　　金)　 200　(未払賃金)　 200 …費用の見越し

↳ 当月の仕訳

賃金勘定を示すと…

賃　　金

	前月未払額 100
当月支給額 1,000	当月消費額 1,100
当月未払額 200	

例2　　　　　　　　　　　　　　　　賃金・給料の消費額の計算

　5月の賃金支給額は1,000円であった。前月未払額は100円、当月未払額は200円である。当月の賃金消費額を計算しなさい。

例2の解答　当月の賃金消費額：**1,100円**＊

＊　1,000円＋200円－100円＝1,100円

---

4 賃金・給料を消費したとき

Ⅰ 直接工の賃金消費額の処理

　直接工の賃金のうち、直接作業にかかる金額は**直接労務費**として**賃金勘定**から**仕掛品勘定**に振り替えます。

　また、直接工の賃金のうち、間接作業にかかる金額は**間接労務費**として**賃金勘定**から**製造間接費勘定**に振り替えます。

43

なお、直接工の賃金消費額は、作業時間1時間あたりの賃金（**消費賃率**）に実際作業時間を掛けて計算します。

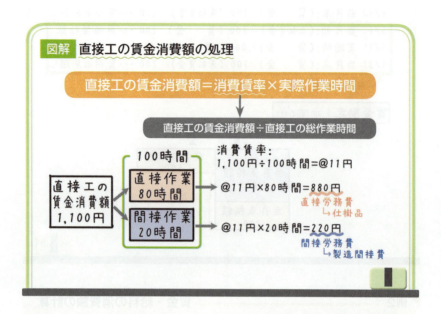

例3　　　　　　　　　　　　　　　　　　　直接工の賃金消費額の処理

当月の直接工の賃金消費額を計上する。当月の直接工の賃金消費額は1,100円、実際作業時間は100時間（直接作業時間80時間、間接作業時間20時間）である。

例3の仕訳	（仕　掛　品）	880*1	（賃　　　金）	1,100
	（製 造 間 接 費）	220*2		

*1　消費賃率：1,100円÷100時間＝@11円
　　　直接作業賃金：@11円×80時間＝880円
*2　間接作業賃金：@11円×20時間＝220円

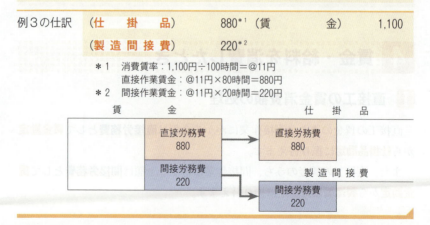

II 間接工の賃金消費額の処理

間接工の賃金はすべて**間接労務費**なので、**賃金勘定**から**製造間接費勘定**に振り替えます。

III 賃金以外の労務費の処理

給料や従業員賞与手当など、賃金以外の労務費はすべて**間接労務費**なので、**各勘定**から**製造間接費勘定**に振り替えます。

例4 ── 間接工の賃金消費額の処理、賃金以外の労務費の処理

次の間接工の賃金と事務職員の給料に関する資料にもとづいて、当月の賃金等の消費額を計上した。

	当月支給額	当月未払額	前月未払額
間接工の賃金	500円	50円	30円
事務職員の給料	200円	10円	20円

例4の仕訳　（**製 造 間 接 費**）　710　（賃　　　金）　520 [*1]
　　　　　　　　　　　　　　　　　　　（給　　　料）　190 [*2]

　＊1　間接工賃金の当月消費額：500円＋50円－30円＝520円
　＊2　事務職員給料の当月消費額：200円＋10円－20円＝190円

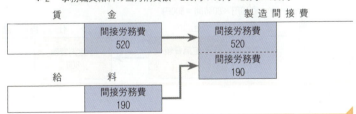

5 予定賃率を用いた場合の処理

Ⅰ 予定賃率とは

　材料費について予定消費単価を用いて計算したように、直接工の賃金についても実際の賃率に代えて、あらかじめ決められた消費賃率（**予定賃率**）を用いて計算することが認められています。

Ⅱ 賃金を消費したとき

　予定賃率を用いた場合は、予定賃率に実際作業時間を掛けて直接工の賃金消費額を計算します。

> 直接工の賃金消費額（予定消費額）＝予定賃率×実際作業時間

例5　　　　　　　　　　　　　　　　　　　　　賃金を消費したとき
　当月の直接工の賃金消費額を予定賃率（@10円）をもって計上する。当月の直接工の実際作業時間は80時間（すべて直接作業分）である。

例5の仕訳　（仕　掛　品）　800*　（賃　　　金）　800

　　＊　@10円×80時間＝800円

Ⅲ 月末の処理

　予定賃率を用いて賃金の予定消費額を計算した場合でも、月末において賃金の実際消費額を計算します。
　そして、予定消費額と実際消費額との差額を**賃金勘定**から**賃率差異勘定**に振り替えます。

具体的には、予定消費額が実際消費額になるように**賃金勘定**の金額を調整します。

賃率差異の求め方や処理、差異の判定方法は材料消費価格差異のときと同様です。
♪Review CH.02 5

例6 ──────────────────── 月末の処理①

当月における直接工の賃金の実際消費額は880円であった。なお、賃金の消費時に予定賃率@10円を用いて計算しており、当月の直接工の実際作業時間は80時間（すべて直接作業分）である。

例6の仕訳　（賃　率　差　異）　　80*　（賃　　　　金）　　80

＊　予定消費額：@10円×80時間＝800円
　　賃率差異：800円－880円＝△80円（不利差異・借方差異）

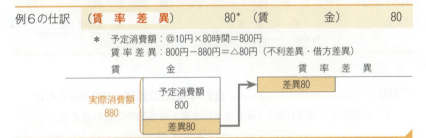

例7 ──────────────────── 月末の処理②

当月における直接工の賃金の実際消費額は640円であった。なお、賃金の消費時に予定賃率@10円を用いて計算しており、当月の直接工の実際作業時間は80時間（すべて直接作業分）である。

例7の仕訳　（賃　　　　金）　　160　（賃　率　差　異）　　160*

＊　予定消費額：@10円×80時間＝800円
　　賃率差異：800円－640円＝160円（有利差異・貸方差異）

Ⅳ 会計年度末の処理

　予定賃率を用いた場合、会計年度末において、月末ごとに計上された賃率差異の残高を**売上原価勘定**に振り替えます。

　具体的には、賃率差異が借方残高（不利差異＝借方差異）の場合は**売上原価勘定**の借方に振り替え、賃率差異が貸方残高（有利差異＝貸方差異）の場合は**売上原価勘定**の貸方に振り替えます。

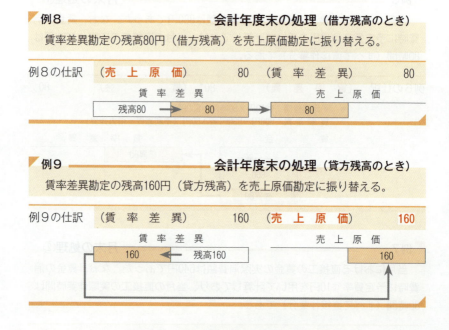

CHAPTER 03　労務費　基本問題

問1　労務費の分類　[解答用紙あり]

次の資料にもとづいて、直接労務費と間接労務費の金額を計算しなさい。

［資　料］

直接工直接賃金当月消費高	50,000円
直接工間接賃金当月消費高	3,000円
間接工賃金当月消費高	10,000円
事務職員給与当月消費高	5,000円
従業員賞与手当	2,000円
法定福利費	800円

問2　賃金の消費額の計算　[解答用紙あり]

次の資料にもとづいて、当月の賃金消費額を計算しなさい。

［資　料］

前月賃金未払額　6,000円　　当月賃金未払額　3,000円
当月賃金支払額　100,000円

問3　労務費の処理

次の取引について仕訳しなさい。なお、勘定科目は［　］内に示すものの中から選ぶこと。

[勘定科目：当座預金、仕掛品、製造間接費、賃金、未払賃金、預り金]

(1)　前月の未払賃金6,000円を未払賃金勘定から賃金勘定に振り替える。
(2)　賃金の当月支給額100,000円のうち、源泉所得税10,000円を差し引いた残額を当座預金口座から支払った。
(3)　当月の賃金消費額は103,000円（うち、直接労務費95,000円、間接労務費8,000円）であった。
(4)　当月の未払賃金3,000円を計上した。

問4 賃金等を消費したときの処理

　次の取引について仕訳しなさい。なお、勘定科目は〔　　〕内に示すものの中から選ぶこと。

〔勘定科目：仕掛品、製造間接費、賃金〕

(1) 当月の直接工の賃金消費額を計上する。当月の直接工の賃金消費額は80,000円、実際作業時間は200時間（直接作業時間180時間、間接作業時間20時間）であった。

(2) 当月の間接工の賃金消費額を計上する。なお、間接工賃金に関する資料は次のとおりである。

〔資　料〕

	当月支給額	当月未払額	前月未払額
間接工の賃金	40,000円	2,000円	1,000円

問5 予定賃率を用いた場合の処理

　次の一連の取引について仕訳しなさい。なお、勘定科目は〔　　〕内に示すものの中から選ぶこと。

〔勘定科目：賃金、仕掛品、製造間接費、賃率差異〕

(1) 当月の直接工の賃金消費額を予定賃率（@1,000円）をもって計上する。当月の直接工の実際作業時間は200時間（すべて直接作業分）である。

(2) 月末において、賃率差異を計上する。なお、当月の直接工の実際賃金消費額は210,000円であった。

解答

問1 労務費の分類

直接労務費： 50,000円[*1]

間接労務費： 20,800円[*2]

[*1] 直接工直接賃金当月消費高：50,000円
[*2] 3,000円＋10,000円＋5,000円＋2,000円＋800円＝20,800円

問2 賃金の消費額の計算

当月の賃金消費額： 97,000円[*]

[*] 100,000円＋3,000円－6,000円＝97,000円

問3 労務費の処理

(1)	（未 払 賃 金）	6,000	（賃　　　　金）	6,000
(2)	（賃　　　　金）	100,000	（預　　り　　金）	10,000
			（当 座 預 金）	90,000
(3)	（仕　掛　品）	95,000	（賃　　　　金）	103,000
	（製 造 間 接 費）	8,000		
(4)	（賃　　　　金）	3,000	（未 払 賃 金）	3,000

問4 賃金等を消費したときの処理

(1)	（仕　掛　品）	72,000[*1]	（賃　　　　金）	80,000
	（製 造 間 接 費）	8,000[*2]		
(2)	（製 造 間 接 費）	41,000[*3]	（賃　　　　金）	41,000

[*1] 消費賃率：80,000円÷200時間＝@400円
直接作業賃金：@400円×180時間＝72,000円
[*2] 間接作業賃金：@400円×20時間＝8,000円
[*3] 40,000円＋2,000円－1,000円＝41,000円

問5 予定賃率を用いた場合の処理

(1)	（仕　掛　品）	200,000[*1]	（賃　　　　金）	200,000
(2)	（賃 率 差 異）	10,000[*2]	（賃　　　　金）	10,000

[*1] @1,000円×200時間＝200,000円
[*2] 200,000円－210,000円＝△10,000円 （不利差異・借方差異）
予定消費額　　実際消費額

CHAPTER 04

経　費

◆経費はほとんどが間接経費に分類される

　ここでは、費目別計算（原価計算の第1段階）のうち、経費についてみていきます。
　経費は材料費、労務費以外の原価です。どのような費目が経費になるのか、また経費はどのように計算するのかについてみてみましょう。

製品の原価を計算するまでの流れ

Step1 材料費、労務費、経費を計算する（費目別計算）
- 材料費の分類と計算　CHAPTER 02
- 労務費の分類と計算　CHAPTER 03
- 経費の分類と計算　CHAPTER 04

Step2 製造間接費を各製品に配賦する
- 製造間接費の配賦　CHAPTER 05
- 製造間接費の部門別計算　CHAPTER 06

Step3 製品原価を計算する
- 個別原価計算　CHAPTER 05
- 総合原価計算　CHAPTER 07～09

1 経費の分類

I 経費とは

経費とは、製造原価のうち、材料費と労務費以外の原価をいいます。

経費にはさまざまなものがありますが、そのうちの代表的なものについて簡単に説明しておきます。

●主な経費

外注加工賃	製品の加工の一部を、外部の業者に依頼したときに支払う加工賃
特許権使用料	他者の特許を使用して製品を製造する場合に支払う特許権の使用料
減価償却費	工場建物や製品を製造するための機械にかかる減価償却費
水道光熱費	工場で発生した電気代、ガス代、水道代

※ 上記のほか、工場で発生した賃借料、保険料、修繕費、租税公課（固定資産税）、旅費交通費、材料棚卸減耗費、福利施設負担額（社員食堂や保養施設などの福利施設にかかる費用のうち会社負担分）など

II 経費の分類

経費について、ある製品にいくらかかったかが明らかかどうか（製品との関連による分類）によって、直接経費と間接経費に分類すると、次のようになります。

●製品との関連による経費の分類

直接経費	ある製品にいくらかかったかが直接的に把握できる経費。**外注加工賃、特許権使用料**は直接経費
間接経費	ある製品にいくらかかったかが直接的に把握できない経費。**外注加工賃、特許権使用料以外のほとんどの経費**は間接経費

CH
04
経費

経費の分類

53

2 経費の消費額の計算

経費は、消費額の計算方法の違いから以下のように分類することができます。

1 支払経費

支払経費とは、1カ月間における支払額を消費額とする経費をいいます。
支払経費には、外注加工賃、特許権使用料、旅費交通費などがあります。

2 月割経費

月割経費とは、一定期間（1年分または数カ月分）の発生額を月割りして計算した金額をその月の消費額とする経費をいいます。
月割経費には、減価償却費、賃借料、保険料などがあります。

3 測定経費

測定経費とは、メーターで測定した消費量をもとに計算した金額をその月の消費額とする経費をいいます。
測定経費には、電気代や水道代などがあります。

4 発生経費

発生経費とは、その月の発生額を消費額とする経費をいいます。
発生経費には、材料棚卸減耗費などがあります。

経費の分類と消費額の計算についてまとめると次のようになります。

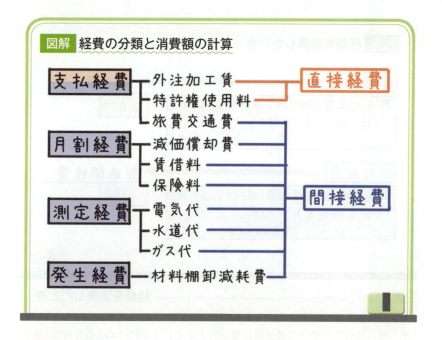

3 経費を消費したとき

　経費を消費したときの処理には、いくつかの方法がありますが、本書ではもっともメジャーな処理方法（経費の諸勘定を用いない方法）で説明します。
　経費を消費したときは、直接経費については**仕掛品勘定**で処理し、間接経費については**製造間接費勘定**で処理します。

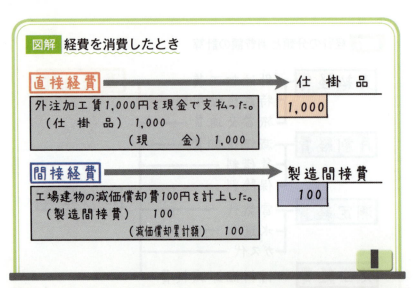

例1 ─────────── 経費を消費したとき

(1) 外注加工賃1,000円を現金で支払った。
(2) 当月分の工場建物の減価償却費を計上する。1年間の減価償却費は1,200円である。
(3) 当月の材料棚卸減耗費は300円であった。

例1の仕訳

(1)	(仕 掛 品)	1,000	(現　　　金)	1,000
(2)	(製 造 間 接 費)	100*	(減価償却累計額)	100
(3)	(製 造 間 接 費)	300	(材　　　料)	300

＊ 1,200円÷12カ月＝100円

```
       仕　掛　品              製造間接費
 直接経費                 間接経費
 (外注加工賃)              (減価償却費)
   1,000                    100
                         (材料棚卸減耗費)
                            300
```

ひとこと

なお、外部の業者に材料の加工を依頼するさいに、材料を出庫したとき（無償支給の場合）は、直接材料の消費の仕訳をします。

(仕　掛　品)　××　(材　　料)　××

CHAPTER 04 経 費 基本問題

問1 経費の分類 〔解答用紙あり〕

次の資料にもとづいて、直接経費と間接経費の金額を計算しなさい。なお、すべて当月発生額である。

[資　料]
- 外注加工賃　　　　　　20,000円
- 工場減価償却費　　　　 2,000円
- 機械減価償却費　　　　 1,000円
- 本社建物減価償却費　　 1,500円
- 工場水道光熱費　　　　 3,000円
- 工場建物の固定資産税　　 800円
- 材料棚卸減耗費　　　　　 500円
- 特許権使用料　　　　　 1,200円

問2 経費の処理

次の取引について仕訳しなさい。なお、勘定科目は〔　　〕内に示すものの中から選ぶこと。

〔勘定科目：当座預金、材料、仕掛品、製造間接費、減価償却累計額、未払水道光熱費〕

(1) 外注加工賃88,000円を小切手を振り出して支払った。
(2) 当月分の工場建物の減価償却費を計上する。1年間の減価償却費は240,000円である。
(3) 当月分の工場の電気代42,000円を計上する。なお、支払いは翌月末である。
(4) 当月の材料棚卸減耗費は5,000円であった。

解答

問1　経費の分類

直接経費：　　21,200円 [*1]

間接経費：　　7,300円 [*2]

*1　20,000円 ＋ 1,200円 ＝ 21,200円
　　　外注加工賃　特許権使用料

*2　2,000円 ＋ 1,000円 ＋ 3,000円 ＋ 800円 ＋ 500円 ＝ 7,300円
　　　工場　　機械　　　工場　　固定資産税　材料
　　減価償却費　減価償却費　水道光熱費　　　　　棚卸減耗費

〈解説〉

　　本社建物減価償却費は一般管理費なので、製造原価には含めません。

問2　経費の処理

(1)	（仕　　掛　　品）	88,000	（当 座 預 金）	88,000
(2)	（製 造 間 接 費）	20,000*	（減価償却累計額）	20,000
(3)	（製 造 間 接 費）	42,000	（未払水道光熱費）	42,000
(4)	（製 造 間 接 費）	5,000	（材　　　　　料）	5,000

*　240,000円 ÷ 12カ月 ＝ 20,000円

MEMO

CH
04
経　費

基本問題

59

CHAPTER 05
個別原価計算

◆製品ごとに原価を集計していく！
　ここでは、製造間接費の配賦（原価計算の第2段階）と、製品別計算（原価計算の第3段階）のうち個別原価計算についてみていきます。
　製造間接費の配賦の仕方と個別原価計算の流れをしっかりおさえておきましょう。

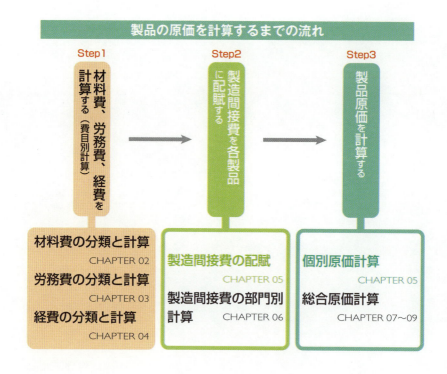

1 個別原価計算とは

Ⅰ 個別原価計算とは

個別原価計算とは、顧客の注文に応じて製品を製造する受注生産形態に適用される原価計算方法をいいます。

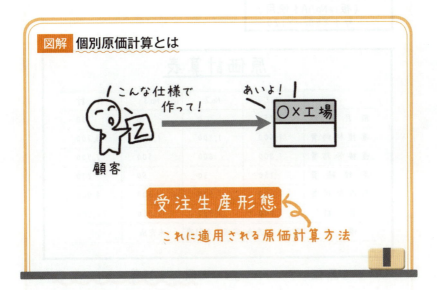

図解 個別原価計算とは

Ⅱ 製造指図書の発行と原価計算表

個別原価計算では、顧客から注文を受けると、注文内容を記載した**製造指図書**が発行されます。工場では、この製造指図書にもとづいて製品の製造を開始します。

また、製造指図書の発行と同時に**原価計算表**が作成されます。

原価計算表は、製造指図書ごとに原価を集計する表で、原価計算表に集計された原価が各製品の原価となります。

| 図解 | 製造指図書の発行と原価計算表 |

製造指図書

顧客名：○×㈱　　納期：×月×日

No.1　家具調こたつ　50個
仕様：木目・黒
　　（板はNo.AAを使用）
　　サイズ90cm×120cm

このとおりに作ってね！

現場へ！

原価計算表

	No.1	No.2	No.3	合　計
前 月 繰 越	150	0	0	150
直 接 材 料 費	1,500	1,200	1,000	3,700
直 接 労 務 費	1,800	600	500	2,900
直 接 経 費	150	30	50	230
製 造 間 接 費	2,000	1,500	500	4,000
合 計	5,600	3,330	2,050	10,980
備 考	完成・引渡済	完成・未引渡	未完成	

「いくら原価がかかったか」という原価を計算するための表

2 製造直接費の賦課

製造原価のうち、製造直接費（直接材料費、直接労務費、直接経費）は、ある製品にいくらかかったかが明らかな原価なので、製造指図書ごとに個別に集計します。これを**賦課**（または**直課**）といいます。

▶ 例1 —————————————————— 製造直接費の賦課

次の資料にもとづいて、原価計算表の直接材料費、直接労務費、直接経費の行に記入しなさい。

[資 料] （単位：円）

	No.1	No.2	No.3
直接材料費	1,500	1,200	1,000
直接労務費	1,800	600	500
直接経費	150	30	50

例1の解答

原 価 計 算 表				（単位：円）
	No.1	No.2	No.3	合 計
直接材料費	1,500	1,200	1,000	3,700
直接労務費	1,800	600	500	2,900
直接経費	150	30	50	230

3 製造間接費の配賦

Ⅰ 製造間接費の配賦

製造原価のうち、製造間接費（間接材料費、間接労務費、間接経費）は、ある製品にいくらかかったかが明らかではない原価なので、製造指図書ごとに個別に集計することができません。そこで、製造間接費については、作業時間や直接労務費（金額）など、なんらかの基準にもとづいて各製造指図書に振り分けます。これを**配賦**といい、製造間接費を配賦するさいに用いた「なん

らかの基準」を**配賦基準**といいます。

Ⅱ 製造間接費の配賦計算

　製造間接費を各製造指図書に配賦するときは、まず、製造間接費の実際発生額を配賦基準数値の合計で割って配賦率を計算します。
　次に、配賦率に各製造指図書の配賦基準数値を掛けて、各製造指図書の配賦額を計算します。

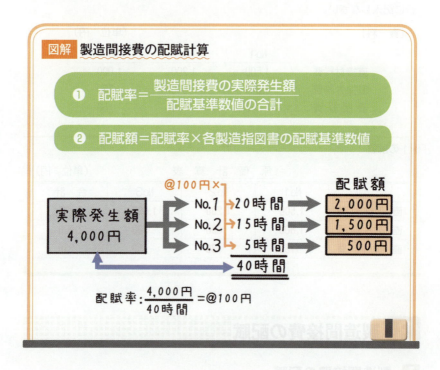

例2 製造間接費の配賦

次の資料にもとづいて、原価計算表を完成させなさい。

[資 料]

製造間接費の実際発生額は4,000円である。製造間接費は下記の直接作業時間をもとに、各製造指図書に配賦する。

	No.1	No.2	No.3
直接作業時間	20時間	15時間	5時間

例2の解答

原 価 計 算 表				(単位：円)
	No.1	No.2	No.3	合 計
直 接 材 料 費	1,500	1,200	1,000	3,700
直 接 労 務 費	1,800	600	500	2,900
直 接 経 費	150	30	50	230
製 造 間 接 費	2,000*	1,500*	500*	4,000
合 計	5,450	3,330	2,050	10,830

$$* \quad 配賦率： \frac{4,000円}{20時間+15時間+5時間}＝@100円$$

配賦額： No.1 @100円×20時間＝2,000円
No.2 @100円×15時間＝1,500円
No.3 @100円× 5時間＝ 500円

4 製品が完成し、引き渡したとき

I 原価計算表の備考欄の記入

原価計算表の備考欄には、月末の製品の状態を次のように記入します。

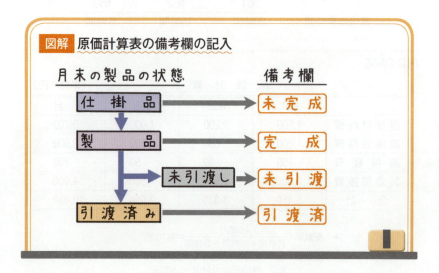

> **例3** ─────────────── 製品が完成し、引き渡したとき
> 次の資料にもとづいて、原価計算表の備考欄を記入しなさい。
>
> [資 料]
> 　当月に製造指図書No.1およびNo.2が完成したが、No.3は未完成である。なお、No.1については顧客に引き渡しが完了している。

例3の解答

原 価 計 算 表				（単位：円）
	No.1	No.2	No.3	合　計
前 月 繰 越	150	0	0	150
直 接 材 料 費	1,500	1,200	1,000	3,700
直 接 労 務 費	1,800	600	500	2,900
直 接 経 費	150	30	50	230
製 造 間 接 費	2,000	1,500	500	4,000
合　　計	5,600	3,330	2,050	10,980
備　　考	完成・引渡済	完成・未引渡	未完成	

II 各勘定の記入

　製品が完成したら、完成した製品の原価を**仕掛品勘定**から**製品勘定**に振り替えます。
　また、完成した製品を顧客に引き渡したときは、その原価を**製品勘定**から**売上原価勘定**に振り替えます。

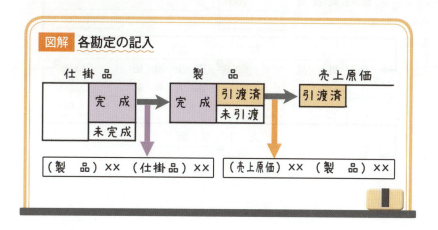
図解　各勘定の記入

Ⅲ 原価計算表と各勘定の関係

原価計算表と各勘定の関係を示すと、次のようになります。

原 価 計 算 表　　　　　　（単位：円）

	No.1	No.2	No.3	合　計
前 月 繰 越	150	0	0	150
直 接 材 料 費	1,500	1,200	1,000	3,700
直 接 労 務 費	1,800	600	500	2,900
直 接 経 費	150	30	50	230
製 造 間 接 費	2,000	1,500	500	4,000
合　　　計	5,600	3,330	2,050	10,980
備　　　考	完成・引渡済	完成・未引渡	未完成	

仕　　掛　　品

前 月 繰 越	150 ❶	製　　　　　品	8,930 ❸
直 接 材 料 費	3,700 ❷	次 月 繰 越	2,050 ❹
直 接 労 務 費	2,900		
直 接 経 費	230		
製 造 間 接 費	4,000		
	10,980		10,980

製　　　　品

仕 掛 品	8,930 ❸	売 上 原 価	5,600 ❺
		次 月 繰 越	3,330 ❻
	8,930		8,930

売 上 原 価

製　　　品	5,600 ❺		

68

❶ 原価計算表の「前月繰越」の金額を記入します。
❷ 当月に発生した原価（直接材料費、直接労務費、直接経費、製造間接費）を記入します。
❸ 当月に完成した製品（No.1、No.2）の原価を記入します。

　　5,600円＋3,330円＝8,930円

❹ 未完成の製品（No.3）の原価を記入します。
❺ 当月に引き渡した製品（No.1）の原価を記入します。
❻ 完成後、未引渡しの製品（No.2）の原価を記入します。

ひとこと

　これ以外の個別原価計算の論点として、仕損の処理があります。仕損の処理については巻末の参考で説明していますので、余裕のある方は読んでおいてください。

5 製造間接費の予定配賦

Ⅰ 製造間接費の予定配賦

　❸では、実際発生額をもとにして、製造間接費を各製造指図書に配賦（**実際配賦**）しましたが、直接材料費や直接労務費を予定単価や予定賃率を用いて計算したように、製造間接費についても**予定配賦率**を用いて計算（**予定配賦**）することが認められています。

ひとこと

　実際配賦だと、製造間接費の実際発生額が明らかになるまで製造間接費を配賦することができず、製品原価の計算が遅れてしまいます。
　また、製造間接費の実際発生額は毎月変動するため、同じ製品を同じように製造しても、月によって製造間接費の配賦額が異なってしまうという欠点もあります。
　このような実際配賦の欠点を解消するため、予定配賦が行われるのです。

Ⅱ 予定配賦額の計算

　製造間接費を予定配賦するときは、まず、年間の製造間接費の予算額（**製

造間接費予算額）を見積り、これを年間の予定配賦基準数値（**基準操業度**）で割って**予定配賦率**を計算します。

次に、予定配賦率に各製造指図書の実際配賦基準数値を掛けて、各製造指図書の配賦額を計算します。

❶ 予定配賦率 $= \dfrac{\text{年間の製造間接費予算額}}{\text{基準操業度}}$

❷ 予定配賦額 ＝ 予定配賦率 × 各製造指図書の実際配賦基準数値

▶例4 ─────────────────── 製造間接費の予定配賦

次の資料にもとづいて、各製造指図書の製造間接費配賦額を計算するとともに、製造間接費の配賦の仕訳を示しなさい。

［資 料］
(1) 当社は製造間接費について、直接作業時間を基準として各製造指図書に予定配賦している。
(2) 当期の年間製造間接費予算額は43,200円、基準操業度は480時間である。
(3) 当月の実際直接作業時間は次のとおりである。

	No.1	No.2	No.3
直接作業時間	20時間	12時間	4時間

例4の解答　製造間接費の配賦額　No.1：**1,800円**^{*1}　No.2：**1,080円**^{*1}　No.3：**360円**^{*1}

仕訳（**仕 掛 品**）　3,240　（**製 造 間 接 費**）　3,240^{*2}

$*1$　予定配賦率：$\dfrac{43,200円}{480時間} ＝ @90円$

　　　予定配賦額：No.1　@90円×20時間＝1,800円
　　　　　　　　　No.2　@90円×12時間＝1,080円
　　　　　　　　　No.3　@90円× 4時間＝　360円

$*2$　1,800円＋1,080円＋360円＝3,240円

製 造 間 接 費		仕 掛 品
予定配賦額 3,240	→	予定配賦額 3,240

III 月末の処理

月末に製造間接費の実際発生額を計算し、予定配賦額と実際発生額の差額を**製造間接費勘定**から**製造間接費配賦差異勘定**に振り替えます。

なお、製造間接費の予定配賦額は**製造間接費勘定**の貸方に、実際発生額は**製造間接費勘定**の借方に集計されるので、この差額を**製造間接費配賦差異勘定**に振り替えます。

製造間接費配賦差異の求め方や処理、差異の判定方法は材料消費価格差異や賃率差異のときと同様です。
Review CH.02 5

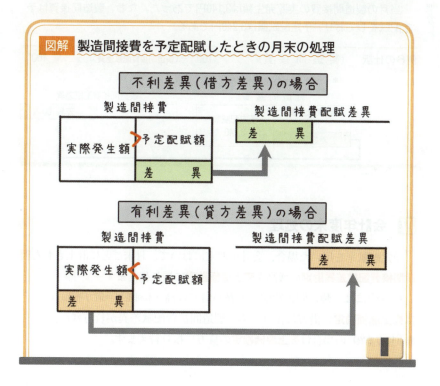
図解 製造間接費を予定配賦したときの月末の処理

> **例5** ─────────────── 月末の処理①
>
> 　当月の製造間接費の実際発生額は3,640円であった。なお、製造間接費は予定配賦をしており、予定配賦額は3,240円である。

例5の仕訳　（製造間接費配賦差異）　　400*　（製造間接費）　　　　400

　　　　* 3,240円－3,640円＝△400円（不利差異・借方差異）

```
        製 造 間 接 費                    製造間接費配賦差異
┌─────────────┬─────────────┐        ┌─────────────┐
│             │  予定配賦額  │───→   │  差異400     │
│  実際発生額  │    3,240    │        │             │
│    3,640    ├─────────────┤
│             │  差異400     │
└─────────────┴─────────────┘
```

> **例6** ─────────────── 月末の処理②
>
> 　当月の製造間接費の実際発生額は3,140円であった。なお、製造間接費は予定配賦をしており、予定配賦額は3,240円である。

例6の仕訳　（製造間接費）　　　100　（製造間接費配賦差異）　　100*

　　　　* 3,240円－3,140円＝100円（有利差異・貸方差異）

```
        製 造 間 接 費                    製造間接費配賦差異
┌─────────────┬─────────────┐        ┌─────────────┐
│  実際発生額  │             │        │  差異100     │
│    3,140    │  予定配賦額  │        │             │
├─────────────┤    3,240    │        └─────────────┘
│  差異100     │             │              ↑
└─────────────┴─────────────┘              │
       └──────────────────────────────────┘
```

Ⅳ　会計年度末の処理

　予定配賦率を用いた場合、会計年度末において、月末ごとに計上された**製造間接費配賦差異勘定**の残高を**売上原価勘定**に振り替えます。

　具体的には、製造間接費配賦差異が借方残高（不利差異＝借方差異）の場合は**売上原価勘定**の借方に振り替え、製造間接費配賦差異が貸方残高（有利差異＝貸方差異）の場合は**売上原価勘定**の貸方に振り替えます。

例7 ──────── 会計年度末の処理（借方残高のとき）

製造間接費配賦差異勘定の残高400円（借方残高）を売上原価勘定に振り替える。

例7の仕訳　（**売　上　原　価**）　400　（製造間接費配賦差異）　400

```
     製造間接費配賦差異              売 上 原 価
  残高400  →   400     →      400
```

例8 ──────── 会計年度末の処理（貸方残高のとき）

製造間接費配賦差異勘定の残高100円（貸方残高）を売上原価勘定に振り替える。

例8の仕訳　（製造間接費配賦差異）　100　（**売　上　原　価**）　100

```
     製造間接費配賦差異              売 上 原 価
      100   ←   残高100                       100
```

ひとこと

製造間接費配賦差異はさらに細かく分解することができます（製造間接費配賦差異の差異分析）。製造間接費配賦差異の差異分析については巻末の参考で説明していますので、余裕のある人は読んでおいてください。なお、CHAPTER 12の標準原価計算を学習したあとに読んだほうが理解しやすいため、CHAPTER 12を学習したあとに読むことをお勧めします。

73

CHAPTER 05　個別原価計算　基本問題

問1　製造間接費の実際配賦と個別原価計算　[解答用紙あり]

当工場では個別原価計算を採用している。次の資料にもとづいて、解答用紙の原価計算表および仕掛品勘定、製品勘定を完成させなさい。

［資　料］

1．No.101は前月に製造着手しており、前月末までの製造原価は250,000円である。
2．No.102とNo.103は当月に製造着手している。
3．No.101とNo.102は当月に完成しており、うちNo.101は引渡し済みである。No.103は当月において未完成である。
4．製造原価の実際発生額は次のとおりである。

　　　直接材料費　650,000円

　　　　　　　　（No.101：100,000円　No.102：250,000円　No.103：300,000円）

　　　直接労務費　400,000円

　　　　　　　　（No.101：80,000円　No.102：200,000円　No.103：120,000円）

　　　製造間接費　600,000円

5．製造間接費は直接作業時間をもとに各製造指図書に配賦している。なお、当月の実際直接作業時間は次のとおりである。

　　　直接作業時間　1,000時間

　　　　　　　　（No.101：200時間　No.102：500時間　No.103：300時間）

問2 製造間接費の予定配賦　解答用紙あり

　次の資料にもとづいて、各製造指図書の製造間接費配賦額を計算するとともに、製造間接費の配賦の仕訳を示しなさい。

［資　料］
1．当期の年間製造間接費予算額は9,800,000円、基準操業度は14,000時間である。
2．製造間接費は直接作業時間をもとに各製造指図書に配賦している。
3．当月の実際直接作業時間は次のとおりである。

	No.201	No.202	No.203
実際直接作業時間	200時間	500時間	400時間

問3 製造間接費の予定配賦と個別原価計算　解答用紙あり

　当工場では個別原価計算を採用している。次の資料にもとづいて、解答用紙の仕掛品勘定と製品勘定を完成させなさい。なお、当月は8月であり、製造間接費は直接作業時間を基準に予定配賦している（予定配賦率は@800円）。

［資　料］

製造指図書		直接材料費	直接労務費	直接作業時間	備　　考
No.301		560,000円	450,000円	600時間	7月着手・完成 8月引渡し
No.302	7月分	480,000円	150,000円	200時間	7月着手 8月完成・引渡し
	8月分	－円	375,000円	500時間	
No.303		400,000円	300,000円	400時間	8月着手・完成 8月末未引渡し
No.304		320,000円	225,000円	300時間	8月着手 8月末未完成

解答

問1 製造間接費の実際配賦と個別原価計算

原価計算表 （単位：円）

	No.101	No.102	No.103	合　計
前 月 繰 越	250,000	0	0	250,000
直 接 材 料 費	100,000	250,000	300,000	650,000
直 接 労 務 費	80,000	200,000	120,000	400,000
製 造 間 接 費	120,000	300,000	180,000	600,000
合　　計	550,000	750,000	600,000	1,900,000
備　　考	完成・引渡済	完成・未引渡	未完成	

仕　掛　品

前 月 繰 越	(250,000)	製　　　　　品	(1,300,000)
直 接 材 料 費	(650,000)	次 月 繰 越	(600,000)
直 接 労 務 費	(400,000)		
製 造 間 接 費	(600,000)		
	(1,900,000)		(1,900,000)

製　　　品

仕 　掛　 品	(1,300,000)	売 上 原 価	(550,000)
		次 月 繰 越	(750,000)
	(1,300,000)		(1,300,000)

〈解説〉

1．製造間接費の配賦

配賦率：$\dfrac{600,000円}{1,000時間}$＝@600円

配賦額：No.101　@600円×200時間＝120,000円
　　　　No.102　@600円×500時間＝300,000円
　　　　No.103　@600円×300時間＝180,000円

2．仕掛品勘定の記入

「製　　品」：当月完成品の原価を記入

$\underset{\text{No.101}}{550,000円}$＋$\underset{\text{No.102}}{750,000円}$＝1,300,000円

「次月繰越」：当月未完成品の原価を記入

$\underset{\text{No.103}}{600,000円}$

３．製品勘定の記入

「売上原価」：当月引渡し済みの製品の原価を記入

$\underline{550,000}$円
_{No.101} ※No.101

「次月繰越」：当月未引渡しの製品の原価を記入

$\underline{750,000}$円
※No.102

問2　製造間接費の予定配賦

No.201：<u>140,000円</u>　　No.202：<u>350,000円</u>　　No.203：<u>280,000円</u>

（仕　掛　品）　770,000　（製 造 間 接 費）　770,000*

＊　140,000円＋350,000円＋280,000円＝770,000円

〈解説〉

１．予定配賦率

予定配賦率：$\dfrac{9,800,000円}{14,000時間}=$＠700円

２．予定配賦額

No.201：＠700円×200時間＝140,000円
No.202：＠700円×500時間＝350,000円
No.203：＠700円×400時間＝280,000円

問3　製造間接費の予定配賦と個別原価計算

仕　掛　品

前 月 繰 越	(790,000)	製　　　　　品	(2,585,000)
直 接 材 料 費	(720,000)	次 月 繰 越	(785,000)
直 接 労 務 費	(900,000)		
製 造 間 接 費	(960,000)		
	(3,370,000)		(3,370,000)

製　　　　　品

前 月 繰 越	(1,490,000)	売 上 原 価	(3,055,000)
仕 　掛 　品	(2,585,000)	次 月 繰 越	(1,020,000)
	(4,075,000)		(4,075,000)

〈解説〉
1．製造間接費の予定配賦額
　　No.301（7月）：@800円×600時間＝480,000円
　　No.302（7月）：@800円×200時間＝160,000円
　　　　（8月）：@800円×500時間＝400,000円
　　No.303（8月）：@800円×400時間＝320,000円
　　No.304（8月）：@800円×300時間＝240,000円

2．各製造指図書に集計された原価
　　No.301（7月）：560,000円＋450,000円＋480,000円＝1,490,000円
　　No.302（7月）：480,000円＋150,000円＋160,000円＝790,000円
　　　　（8月）：375,000円＋400,000円＝775,000円
　　　　（合計）：790,000円＋775,000円＝1,565,000円
　　No.303（8月）：400,000円＋300,000円＋320,000円＝1,020,000円
　　No.304（8月）：320,000円＋225,000円＋240,000円＝785,000円

3．仕掛品勘定の記入
　　「前 月 繰 越」：前月（7月）において未完成の製品の原価を記入
　　　　　　　　　　790,000円
　　　　　　　　　　No.302・7月分

　　「直接材料費」：8月分の直接材料費を記入
　　　　　　　　　　400,000円＋320,000円＝720,000円
　　　　　　　　　　No.303　　　No.304

　　「直接労務費」：8月分の直接労務費を記入
　　　　　　　　　　375,000円＋300,000円＋225,000円＝900,000円
　　　　　　　　　　No.302　　　No.303　　　No.304

　　「製造間接費」：8月分の製造間接費を記入
　　　　　　　　　　400,000円＋320,000円＋240,000円＝960,000円
　　　　　　　　　　No.302　　　No.303　　　No.304

　　「製　　　品」：当月完成品の原価を記入
　　　　　　　　　　1,565,000円＋1,020,000円＝2,585,000円
　　　　　　　　　　No.302　　　No.303

　　「次 月 繰 越」：当月未完成品の原価を記入
　　　　　　　　　　785,000円
　　　　　　　　　　No.304

4．製品勘定の記入
　　「前月繰越」：前月（7月）において完成している製品の原価を記入
　　　　　　　　1,490,000円
　　　　　　　　No.301

　　「売上原価」：当月引渡し済みの製品の原価を記入
　　　　　　　　1,490,000円＋1,565,000円＝3,055,000円
　　　　　　　　No.301　　　No.302

　　「次月繰越」：当月未引渡しの製品の原価を記入
　　　　　　　　1,020,000円
　　　　　　　　No.303

MEMO

CHAPTER 06
部門別個別原価計算

◆直接配賦法の計算方法をしっかりおさえておこう！

ここでは、部門別個別原価計算についてみていきます。

製造間接費の配賦についてはすでにCHAPTER 05でみてきましたが、もっと正確に製造間接費を配賦する方法があります。それが製造間接費の部門別計算です。

製造間接費の部門別計算の方法には直接配賦法と相互配賦法の２つがありますが、試験でよく出題されるのは直接配賦法です。

製品の原価を計算するまでの流れ

Step1 材料費、労務費、経費を計算する（費目別計算）

→ **Step2** 製造間接費を各製品に配賦する

→ **Step3** 製品原価を計算する

材料費の分類と計算 CHAPTER 02
労務費の分類と計算 CHAPTER 03
経費の分類と計算 CHAPTER 04

製造間接費の配賦 CHAPTER 05
製造間接費の部門別計算 CHAPTER 06

個別原価計算 CHAPTER 05
総合原価計算 CHAPTER 07〜09

1 部門別個別原価計算とは

I 単純個別原価計算

　CHAPTER 05でみてきた個別原価計算では、製造間接費を配賦するとき、工場全体で発生した製造間接費を1つの配賦基準（直接作業時間など）によって配賦してきました。このような個別原価計算を**単純個別原価計算**といいます。

　単純個別原価計算は、比較的規模の小さい工場で採用される原価計算方法です。

II 部門別個別原価計算

　小規模な工場で採用される単純個別原価計算に対して、規模の大きな工場で採用されるのが**部門別個別原価計算**です。

　工場の規模が大きくなると、作業内容に応じて**部門**が設けられます。複数の部門がある場合、工場全体で発生した製造間接費を部門ごとに集計しなおし、その部門に適した配賦基準で各製造指図書に配賦したほうが、より正確に製造間接費を配賦することができます。

　このような個別原価計算を**部門別個別原価計算**といいます。

　　部門＝部署のことです。

81

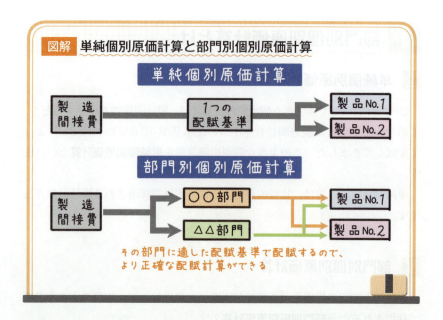

2 製造部門と補助部門

I 製造部門とは

　製造部門とは、材料の切断、部品の組み立て、製品の塗装など、製品の製造に直接かかわる部門のことをいいます。
　製造部門には、切削部門、組立部門、塗装部門などがあります。

II 補助部門とは

　補助部門とは、材料や製品の運搬、機械の修繕、工場全体の事務処理など、製品の製造に直接かかわらずに、製造部門をサポートしている部門のことをいいます。
　補助部門には、運搬部門、修繕部門、工場事務部門などがあります。

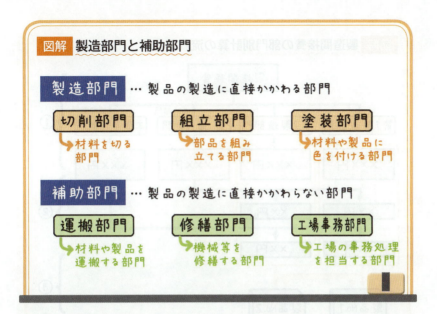

3 製造間接費の部門別計算

I 製造間接費の部門別計算の流れ

　製造間接費の部門別計算（部門別個別原価計算）の流れは次ページのようになります。

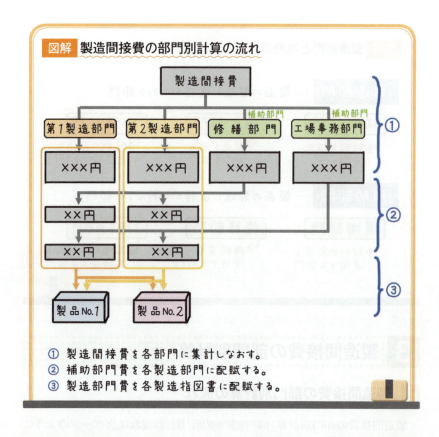

Ⅱ 製造間接費を各部門に集計しなおす

製造間接費は、どの部門で発生したものかが明らかかどうかによって**部門個別費**と**部門共通費**に分けられます。

1 部門個別費

部門個別費とは、どの部門で発生したものかが明らかな製造間接費をいいます。

部門個別費はどの部門で発生したものかが明らかなので、各部門に**賦課（直課）**します。

2 部門共通費

部門共通費とは、どの部門で発生したものかが明らかではない製造間接費をいいます。

部門共通費はどの部門で発生したものかが明らかではないため、適切な配賦基準を用いて各部門に**配賦**します。

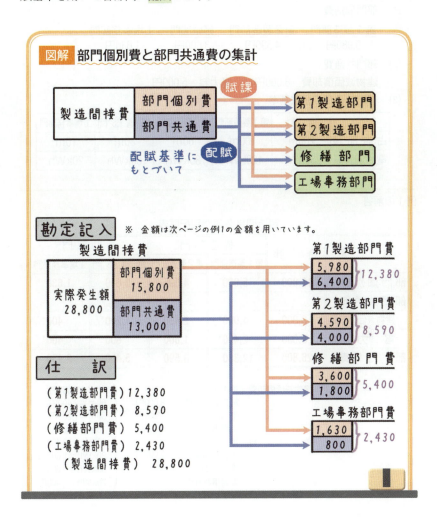

例1 ─────────────────────── 部門個別費と部門共通費の集計

次の資料にもとづいて、製造間接費部門別配賦表（部門費の集計まで）を完成させなさい。製造間接費の合計額は28,800円である。なお、建物減価償却費は占有面積によって、電力料は電力消費量によって各部門に配賦する。

[資　料]

(1) 部門個別費

第1製造部門	第2製造部門	修繕部門	工場事務部門
5,980円	4,590円	3,600円	1,630円

(2) 部門共通費

建物減価償却費　8,000円　　電力料　5,000円

(3) 部門共通費の配賦基準

	合　計	第1製造部門	第2製造部門	修 繕 部 門	工場事務部門
占 有 面 積	200㎡	100㎡	60㎡	30㎡	10㎡
電力消費量	250kWh	120kWh	80kWh	30kWh	20kWh

例1の解答

製造間接費部門別配賦表　　　　　　　（単位：円）

摘　　　要	合　　計	製 造 部 門		補 助 部 門	
		第1製造部門	第2製造部門	修 繕 部 門	工場事務部門
部 門 個 別 費	15,800	5,980	4,590	3,600	1,630
部 門 共 通 費					
建物減価償却費	8,000	4,000*1	2,400*1	1,200*1	400*1
電 　力 　料	5,000	2,400*2	1,600*2	600*2	400*2
部 　門 　費	28,800	12,380	8,590	5,400	2,430

*1　建物減価償却費　第1製造部門：

第2製造部門：　$\dfrac{8,000円}{200㎡}$ × $\begin{cases} 100㎡＝4,000円 \\ 60㎡＝2,400円 \\ 30㎡＝1,200円 \\ 10㎡＝　400円 \end{cases}$

修 繕 部 門：

工場事務部門：

*2　電 　力 　料　第1製造部門：

第2製造部門：　$\dfrac{5,000円}{250kWh}$ × $\begin{cases} 120kWh＝2,400円 \\ 80kWh＝1,600円 \\ 30kWh＝　600円 \\ 20kWh＝　400円 \end{cases}$

修 繕 部 門：

工場事務部門：

Ⅲ 補助部門費を各製造部門に配賦する

　製造間接費を各部門に集計しなおしたら、補助部門に集計された製造間接費（補助部門費）を各製造部門に配賦します。
　このときの配賦方法には、**直接配賦法**と**相互配賦法**の２通りの方法があります。

1 直接配賦法

　直接配賦法とは、補助部門間のサービスのやりとりを計算上無視し、補助部門費を製造部門のみに配賦する方法をいいます。

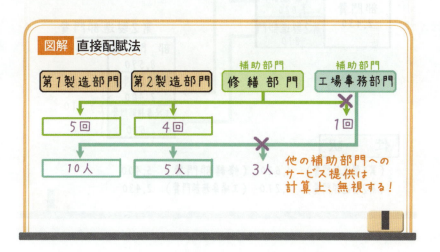

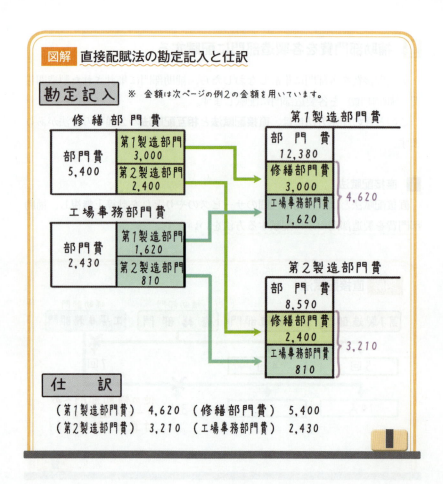

例2 ──────────────────────────────── **直接配賦法**

次の資料にもとづいて、製造間接費部門別配賦表を完成させなさい。なお、補助部門費の製造部門への配賦は直接配賦法によって行う。

[資　料]
(1)　各部門費

製造間接費部門別配賦表　　　　（単位：円）

摘　　　　要	合　　計	製　造　部　門		補　助　部　門	
		第1製造部門	第2製造部門	修繕部門	工場事務部門
部 門 個 別 費	15,800	5,980	4,590	3,600	1,630
部 門 共 通 費					
建物減価償却費	8,000	4,000	2,400	1,200	400
電　力　料	5,000	2,400	1,600	600	400
部　　門　　費	28,800	12,380	8,590	5,400	2,430

(2)　補助部門費の配賦基準

	配 賦 基 準	第1製造部門	第2製造部門	修 繕 部 門	工場事務部門
修 繕 部 門	修繕回数	5回	4回	—	1回
工場事務部門	従業員数	10人	5人	3人	2人

例2の解答

製造間接費部門別配賦表　　　　（単位：円）

摘　　　　要	合　　計	製　造　部　門		補　助　部　門	
		第1製造部門	第2製造部門	修 繕 部 門	工場事務部門
部 門 個 別 費	15,800	5,980	4,590	3,600	1,630
部 門 共 通 費					
建物減価償却費	8,000	4,000	2,400	1,200	400
電　力　料	5,000	2,400	1,600	600	400
部　　門　　費	28,800	12,380	8,590	5,400	2,430
修 繕 部 門 費	5,400	3,000*[1]	2,400*[1]		
工場事務部門費	2,430	1,620*[2]	810*[2]		
製 造 部 門 費	28,800	17,000	11,800		

CH **06** 部門別個別原価計算

補助部門費の配賦（直接配賦法と相互配賦法）

89

＊1　修繕部門費　第1製造部門：$\dfrac{5,400円}{5回+4回}$ × $\begin{cases} 5回=3,000円 \\ 4回=2,400円 \end{cases}$

＊2　工場事務部門費　第1製造部門：$\dfrac{2,430円}{10人+5人}$ × $\begin{cases} 10人=1,620円 \\ 5人=\ \ 810円 \end{cases}$

2 相互配賦法

　相互配賦法とは、補助部門間のサービスのやりとりを計算上でも考慮し、補助部門費を製造部門と補助部門に配賦する方法をいいます。

　なお、2級で学習する相互配賦法は、計算を2段階に分け、第1次配賦では、補助部門費を製造部門とほかの補助部門に配賦し、第2次配賦では、第1次配賦でほかの補助部門から配賦された金額を製造部門のみに配賦するという方法（簡便法としての相互配賦法）です。

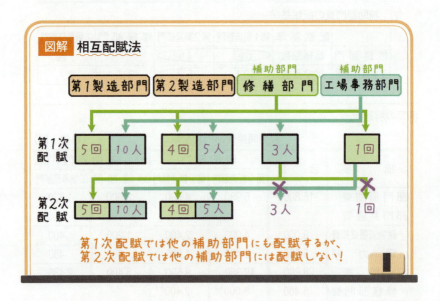

例3 ──────────────────────────────── **相互配賦法**

次の資料にもとづいて、製造間接費部門別配賦表を完成させなさい。なお、補助部門費の製造部門への配賦は相互配賦法によって行う。

[資　料]

(1) 各部門費

製造間接費部門別配賦表　　　　（単位：円）

摘　　　要	合　　計	製 造 部 門		補 助 部 門	
		第1製造部門	第2製造部門	修 繕 部 門	工場事務部門
部 門 個 別 費	15,800	5,980	4,590	3,600	1,630
部 門 共 通 費					
建物減価償却費	8,000	4,000	2,400	1,200	400
電　力　料	5,000	2,400	1,600	600	400
部 　門 　費	28,800	12,380	8,590	5,400	2,430

(2) 補助部門費の配賦基準

	配 賦 基 準	第1製造部門	第2製造部門	修 繕 部 門	工場事務部門
修 繕 部 門	修繕回数	5 回	4 回	―	1 回
工場事務部門	従業員数	10人	5人	3人	2人

例3の解答

製造間接費部門別配賦表　　　　（単位：円）

摘　　要	合　　計	製造部門		補助部門	
		第1製造部門	第2製造部門	修繕部門	工場事務部門
部門個別費	15,800	5,980	4,590	3,600	1,630
部門共通費					
建物減価償却費	8,000	4,000	2,400	1,200	400
電　力　料	5,000	2,400	1,600	600	400
部　門　費	28,800	12,380	8,590	5,400	2,430
第1次配賦					
修繕部門費	5,400	2,700*1	2,160*1		540*1
工場事務部門費	2,430	1,350*2	675*2	405*2	
第2次配賦				405	540
修繕部門費	405	225*3	180*3		
工場事務部門費	540	360*4	180*4		
製造部門費	28,800	17,015	11,785		

$*1$　修繕部門費　第1製造部門：　　$\dfrac{5,400円}{5回+4回+1回} \times$　$\begin{cases}5回=2,700円\\4回=2,160円\\1回=540円\end{cases}$
　　　　　　　　　第2製造部門：
　　　　　　　　　工場事務部門：

$*2$　工場事務部門費　第1製造部門：　$\dfrac{2,430円}{10人+5人+3人} \times$　$\begin{cases}10人=1,350円\\5人=675円\\3人=405円\end{cases}$
　　　　　　　　　　第2製造部門：
　　　　　　　　　　修　繕　部　門：

$*3$　修繕部門費　第1製造部門：　$\dfrac{405円}{5回+4回} \times$　$\begin{cases}5回=225円\\4回=180円\end{cases}$
　　　　　　　　　第2製造部門：

$*4$　工場事務部門費　第1製造部門：　$\dfrac{540円}{10人+5人} \times$　$\begin{cases}10人=360円\\5人=180円\end{cases}$
　　　　　　　　　　第2製造部門：

Ⅳ 製造部門費を各製造指図書に配賦する

最後に、各製造部門に集計された製造部門費を、適切な配賦基準を用いて各製造指図書に配賦します。

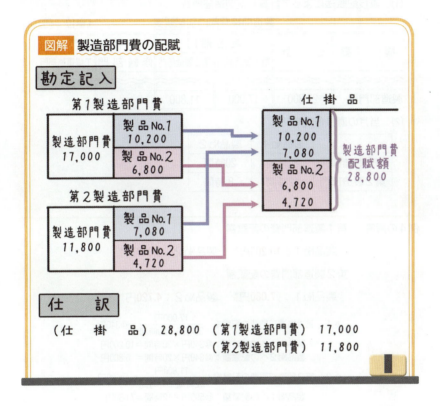

例4 製造部門費の配賦

次の資料にもとづいて、直接配賦法によって計算した製造部門費を各製造指図書に配賦しなさい。なお、配賦基準は直接作業時間による。

[資 料]
(1) 直接配賦法によって計算した製造部門費

製造間接費部門別配賦表 （単位：円）

摘　　要	合　　計	製 造 部 門		補 助 部 門	
		第1製造部門	第2製造部門	修 繕 部 門	工場事務部門
製造部門費	28,800	17,000	11,800		

(2) 当月の直接作業時間

	製品No.1	製品No.2
第1製造部門	30時間	20時間
第2製造部門	12時間	8時間

例4の解答

第1製造部門費の配賦額

製品No.1：**10,200円**[*1] 製品No.2：**6,800円**[*1]

第2製造部門費の配賦額

製品No.1： **7,080円**[*2] 製品No.2：**4,720円**[*2]

[*1] 第1製造部門費の配賦率：$\dfrac{17,000円}{30時間+20時間}$＝@340円

製品No.1への配賦額：@340円×30時間＝10,200円
製品No.2への配賦額：@340円×20時間＝ 6,800円

[*2] 第2製造部門費の配賦率：$\dfrac{11,800円}{12時間+8時間}$＝@590円

製品No.1への配賦額：@590円×12時間＝7,080円
製品No.2への配賦額：@590円× 8時間＝4,720円

4 製造部門費の予定配賦

I 製造部門費の予定配賦

3では、実際発生額をもとにして、製造部門費を各製造指図書に配賦（**実際配賦**）しましたが、製造間接費を予定配賦したように、製造部門費についても**予定配賦率**を用いて配賦（**予定配賦**）することが認められています。

II 予定配賦額の計算

製造部門費を予定配賦するときは、まず、年間の製造部門費の予算額（**製造部門費予算額**）を見積り、これを年間の予定配賦基準数値（**基準操業度**）で割って**部門別予定配賦率**を計算します。

> **ひとこと**
> 年間の製造部門予算額を計算するときは、実際配賦と同様に部門別配賦表を用いて配賦計算を行います。配賦計算のもととなる金額が実際発生額か予算額かが違うだけで、計算の仕方は同じです。

次に、部門別予定配賦率に各製造指図書の実際配賦基準数値を掛けて、各製造指図書の配賦額を計算します。

---

❶ 部門別予定配賦率 ＝ $\dfrac{年間の製造部門費予算額}{基準操業度}$

❷ 予定配賦額
　＝部門別予定配賦率×各製造指図書の実際配賦基準数値

例5 ━━━━━━━━━━━━━━━━━━━━ 製造部門費の予定配賦

次の資料にもとづいて、直接配賦法によって計算した製造部門費予算額（年間）を各製造指図書に配賦しなさい。なお、配賦基準は直接作業時間による。

[資　料]
(1) 直接配賦法によって計算した製造部門費予算額（年間）

製造間接費部門別配賦表　　　　　（単位：円）

摘　　　　要	合　　計	製　造　部　門		補　助　部　門	
		第1製造部門	第2製造部門	修　繕　部　門	工場事務部門
製造部門費	376,200	217,800	158,400		

(2) 年間基準操業度（直接作業時間）

第1製造部門：660時間　　　第2製造部門：264時間

(3) 当月の直接作業時間

	製品No.1	製品No.2
第1製造部門	30時間	20時間
第2製造部門	12時間	8時間

例5の解答

第1製造部門費の配賦額

製品No.1：**9,900**円[*1]　製品No.2：**6,600**円[*1]

第2製造部門費の配賦額

製品No.1：**7,200**円[*2]　製品No.2：**4,800**円[*2]

[*1]　第1製造部門費の予定配賦率：$\dfrac{217,800円}{660時間}$＝@330円

製品No.1への配賦額：@330円×30時間＝9,900円
製品No.2への配賦額：@330円×20時間＝6,600円

[*2]　第2製造部門費の予定配賦率：$\dfrac{158,400円}{264時間}$＝@600円

製品No.1への配賦額：@600円×12時間＝7,200円
製品No.2への配賦額：@600円× 8時間＝4,800円

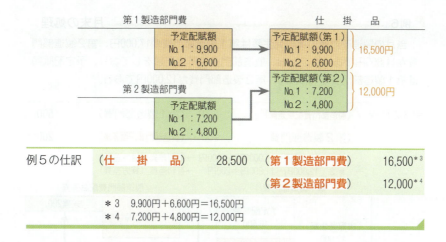

例5の仕訳	（仕　掛　品）	28,500	（第1製造部門費）	16,500 *3
			（第2製造部門費）	12,000 *4

* 3　9,900円＋6,600円＝16,500円
* 4　7,200円＋4,800円＝12,000円

III 月末の処理

　月末において、製造部門費の実際発生額を計算し、予定配賦額と実際発生額の差額を、**製造部門費勘定**から**製造部門費配賦差異勘定**に振り替えます。

　なお、製造部門費の予定配賦額は**製造部門費勘定**の貸方に、実際発生額は**製造部門費勘定**の借方に集計されるので、この差額を**製造部門費配賦差異勘定**に振り替えます。

ひとこと
　製造部門費配賦差異の求め方や処理、差異の判定方法は製造間接費配賦差異のときと同様です。　　　　　　　　　　Review CH.05 5

例6　月末の処理

当月の製造部門費の実際発生額は第1製造部門費が17,000円、第2製造部門費が11,800円であった。なお、製造部門費は予定配賦をしており、予定配賦額は第1製造部門費が16,500円、第2製造部門費が12,000円である。

例6の仕訳　（**製造部門費配賦差異**）　500*1　（第1製造部門費）　500
　　　　　（第2製造部門費）　200　（**製造部門費配賦差異**）　200*2

*1　16,500円－17,000円＝△500円　→不利差異（借方差異）
*2　12,000円－11,800円＝200円　　→有利差異（貸方差異）

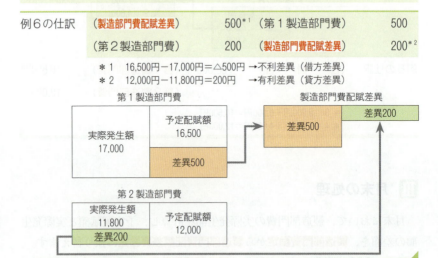

> **ひとこと**
>
> 　製造部門費の予定配賦を行ったときには、会計年度末において、製造部門費配賦差異勘定の残高を売上原価勘定に振り替えます。この場合の振替処理は製造間接費の予定配賦と同様なので、ここでは説明を省略します。
>
> ⓡReview CH.05 5

CHAPTER 06　部門別個別原価計算　基本問題

問1　直接配賦法　[解答用紙あり]

次の資料にもとづいて、解答用紙の製造間接費部門別配賦表を完成させなさい。ただし、補助部門費の製造部門への配賦は直接配賦法によること。

[資　料]
1. 部門個別費は解答用紙に示したとおりである。
2. 部門共通費

　　建物減価償却費　240,000円　　電力料　150,000円

3. 部門共通費の配賦基準

	合　計	第1製造部門	第2製造部門	修　繕　部　門	工場事務部門
占 有 面 積	1,000㎡	400㎡	300㎡	200㎡	100㎡
電力消費量	500kWh	250kWh	200kWh	40kWh	10kWh

4. 補助部門費の配賦基準

	配賦基準	第1製造部門	第2製造部門	修　繕　部　門	工場事務部門
修　繕　部　門	修繕回数	8回	4回	−	−
工場事務部門	従業員数	20人	15人	5人	5人

問2　相互配賦法　[解答用紙あり]

次の資料にもとづいて、解答用紙の製造間接費部門別配賦表を完成させなさい。ただし、補助部門費の製造部門への配賦は相互配賦法によること。

[資　料]
1. 部門個別費および部門共通費は解答用紙に示したとおりである。
2. 補助部門費の配賦基準

	配賦基準	第1製造部門	第2製造部門	保　全　部　門	工場事務部門
保　全　部　門	保全時間	50時間	60時間	20時間	10時間
工場事務部門	従業員数	20人	15人	5人	5人

99

問3 製造部門費の各製品への配賦　解答用紙あり

　次の資料にもとづいて、(1)製造部門費の実際配賦率と各製品への配賦額を計算しなさい。さらに(2)各製造部門から各製品への配賦の仕訳をしなさい。なお、第1製造部門では機械作業時間、第2製造部門では直接作業時間を配賦基準としている。

［資　料］

1. 当月の各製造部門費実際発生額（補助部門費配賦後）

　　　第1製造部門　945,000円　　　第2製造部門　750,000円

2. 各製品に要した直接作業時間と機械作業時間

		製品No.101	製品No.102
第1製造部門	直接作業時間	360時間	540時間
	機械作業時間	500時間	200時間
第2製造部門	直接作業時間	280時間	320時間
	機械作業時間	150時間	100時間

問4 部門別個別原価計算 [解答用紙あり]

　当工場は、製造間接費について部門別計算を行っており、製造部門費は直接作業時間を配賦基準として各製品に実際配賦している。次の資料にもとづいて、以下の(A)から(C)に答えなさい。

［資　料］

1．補助部門費の配賦基準

	配賦基準	第1製造部門	第2製造部門	修繕部門	保全部門	工場事務部門
修繕部門	修繕回数	10回	5回	–	3回	2回
保全部門	保全時間	80時間	60時間	50時間	20時間	10時間
工場事務部門	従業員数	50人	40人	30人	10人	15人

2．直接作業時間データ

(1) 当月実際直接作業時間は第1製造部門4,200時間、第2製造部門2,200時間である。

(2) 製造指図書No.101にかかった当月実際直接作業時間は1,800時間（第1製造部門1,000時間、第2製造部門800時間）であった。

(A) 直接配賦法によって、解答用紙の製造間接費部門別配賦表を完成させなさい。

(B) 部門別配賦率を用いて実際配賦を行った場合、製造指図書No.101に配賦される製造間接費の金額を答えなさい。

(C) 仮に部門別計算を行わず、工場全体で1つの配賦率（総括配賦率）を用いて実際配賦を行った場合、製造指図書No.101に配賦される製造間接費の金額を答えなさい。

101

解答

問1 直接配賦法

製造間接費部門別配賦表 （単位：円）

摘　　要	合　　計	製造部門		補助部門	
		第1製造部門	第2製造部門	修繕部門	工場事務部門
部門個別費	571,000	250,000	180,000	84,000	57,000
部門共通費					
建物減価償却費	240,000	96,000	72,000	48,000	24,000
電　力　料	150,000	75,000	60,000	12,000	3,000
部　門　費	961,000	421,000	312,000	144,000	84,000
修繕部門費	144,000	96,000	48,000		
工場事務部門費	84,000	48,000	36,000		
製造部門費	961,000	565,000	396,000		

〈解説〉

1．部門共通費の配賦

（1）**建物減価償却費**

第1製造部門：$\dfrac{240,000円}{1,000㎡} \times \begin{cases} 400㎡ = 96,000円 \\ 300㎡ = 72,000円 \\ 200㎡ = 48,000円 \\ 100㎡ = 24,000円 \end{cases}$

第2製造部門：

修　繕　部　門：

工場事務部門：

（2）**電力料**

第1製造部門：$\dfrac{150,000円}{500kWh} \times \begin{cases} 250kWh = 75,000円 \\ 200kWh = 60,000円 \\ 40kWh = 12,000円 \\ 10kWh = 3,000円 \end{cases}$

第2製造部門：

修　繕　部　門：

工場事務部門：

2．補助部門費の配賦

（1）**修繕部門費**

第1製造部門：$\dfrac{144,000円}{8回+4回} \times \begin{cases} 8回 = 96,000円 \\ 4回 = 48,000円 \end{cases}$

第2製造部門：

（2）**工場事務部門費**

第1製造部門：$\dfrac{84,000円}{20人+15人} \times \begin{cases} 20人 = 48,000円 \\ 15人 = 36,000円 \end{cases}$

第2製造部門：

問2 相互配賦法

製造間接費部門別配賦表　　　　　　（単位：円）

摘　　要	合　計	製造部門		補助部門	
		第1製造部門	第2製造部門	保全部門	工場事務部門
部門個別費	599,000	250,000	180,000	108,000	61,000
部門共通費	390,000	171,000	132,000	60,000	27,000
部　門　費	989,000	421,000	312,000	168,000	88,000
第1次配賦					
保全部門費	168,000	70,000	84,000		14,000
工場事務部門費	88,000	44,000	33,000	11,000	
第2次配賦				11,000	14,000
保全部門費	11,000	5,000	6,000		
工場事務部門費	14,000	8,000	6,000		
製造部門費	989,000	548,000	441,000		

〈解説〉

1．第1次配賦

(1) **保全部門費**

第1製造部門：
第2製造部門： $\dfrac{168,000円}{50時間＋60時間＋10時間} \times$
工場事務部門：

$\begin{cases} 50時間 ＝ 70,000円 \\ 60時間 ＝ 84,000円 \\ 10時間 ＝ 14,000円 \end{cases}$

(2) **工場事務部門費**

第1製造部門：
第2製造部門： $\dfrac{88,000円}{20人＋15人＋5人} \times$
保　全　部門：

$\begin{cases} 20人 ＝ 44,000円 \\ 15人 ＝ 33,000円 \\ 5人 ＝ 11,000円 \end{cases}$

2．第2次配賦

(1) **保全部門費**

第1製造部門： $\dfrac{11,000円}{50時間＋60時間} \times \begin{cases} 50時間 ＝ 5,000円 \\ 60時間 ＝ 6,000円 \end{cases}$
第2製造部門：

(2) **工場事務部門費**

第1製造部門： $\dfrac{14,000円}{20人＋15人} \times \begin{cases} 20人 ＝ 8,000円 \\ 15人 ＝ 6,000円 \end{cases}$
第2製造部門：

問3 製造部門費の各製品への配賦

(1) 製造部門費の実際配賦率と各製品への配賦額

第1製造部門

実 際 配 賦 率：@ 1,350円

No.101への配賦額： 675,000円 　　No.102への配賦額： 270,000円

第2製造部門

実 際 配 賦 率：@ 1,250円

No.101への配賦額： 350,000円 　　No.102への配賦額： 400,000円

(2) 各製造部門から各製品への配賦の仕訳

（仕 掛 品） 1,695,000 （第1製造部門費） 945,000

（第2製造部門費） 750,000

〈解説〉

1．第1製造部門費の配賦

実際配賦率：$\dfrac{945,000円}{500時間+200時間}=$ @1,350円

No.101への配賦額：@1,350円×500時間＝675,000円

No.102への配賦額：@1,350円×200時間＝270,000円

2．第2製造部門費の配賦

実際配賦率：$\dfrac{750,000円}{280時間+320時間}=$ @1,250円

No.101への配賦額：@1,250円×280時間＝350,000円

No.102への配賦額：@1,250円×320時間＝400,000円

問4 部門別個別原価計算

(A)

製造間接費部門別配賦表　　　　　　　　　　　（単位：円）

摘　　要	合　計	製造部門		補助部門		
		第1製造部門	第2製造部門	修繕部門	保全部門	工場事務部門
部　門　費	1,264,000	447,500	377,200	180,000	154,000	105,300
修 繕 部 門 費	180,000	120,000	60,000			
保 全 部 門 費	154,000	88,000	66,000			
工 場 事 務 部 門 費	105,300	58,500	46,800			
製 造 部 門 費	1,264,000	714,000	550,000			

(B) No.101に配賦される製造間接費（部門別配賦）： 370,000円

(C) No.101に配賦される製造間接費（総括配賦）： 355,500円

〈解説〉

1．補助部門費の配賦

(1) 修繕部門費

$$\begin{array}{l}\text{第1製造部門：}\\[4pt]\text{第2製造部門：}\end{array}\dfrac{180,000円}{10回+5回}\times\left\{\begin{array}{l}10回=120,000円\\[4pt]5回=\ \ 60,000円\end{array}\right.$$

(2) 保全部門費

$$\begin{array}{l}\text{第1製造部門：}\\[4pt]\text{第2製造部門：}\end{array}\dfrac{154,000円}{80時間+60時間}\times\left\{\begin{array}{l}80時間=88,000円\\[4pt]60時間=66,000円\end{array}\right.$$

(3) 工場事務部門費

$$\begin{array}{l}\text{第1製造部門：}\\[4pt]\text{第2製造部門：}\end{array}\dfrac{105,300円}{50人+40人}\times\left\{\begin{array}{l}50人=58,500円\\[4pt]40人=46,800円\end{array}\right.$$

2．部門別配賦率を用いた場合のNo.101に配賦される製造間接費

(1) 第1製造部門費の配賦

実際配賦率：$\dfrac{714,000円}{4,200時間}=@170円$

No.101への配賦額：@170円×1,000時間＝170,000円

(2) 第2製造部門費の配賦

実際配賦率：$\dfrac{550,000円}{2,200時間}=@250円$

No.101への配賦額：@250円×800時間＝200,000円

(3) 合計：170,000円＋200,000円＝370,000円

3．工場全体で1つの配賦率を用いた場合のNo.101に配賦される製造間接費

実際配賦率：$\dfrac{1,264,000円}{4,200時間+2,200時間}=@197.5円$

No.101への配賦額：@197.5円×1,800時間＝355,500円

CHAPTER 07
総合原価計算 I

◆1カ月間の完成品原価をまとめて計算する

ここでは、総合原価計算のうち、もっとも基本的な内容についてみていきます。

個別原価計算では、製品ごとに原価を集計しましたが、総合原価計算では1カ月に完成した製品の原価（完成品総合原価）をまとめて計算したあと、完成品総合原価を完成品量で割ることによって1個あたりの製品原価を計算します。

総合原価計算は試験でもよく出題される内容なので、しっかり学習してください。

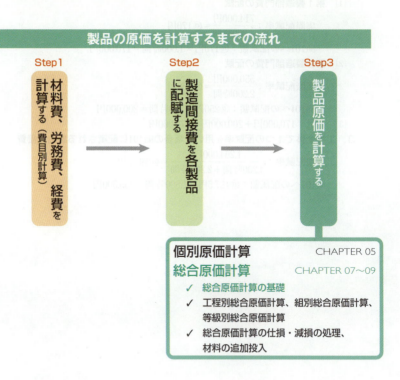

1 総合原価計算とは

I 総合原価計算

総合原価計算とは、同じ規格の製品を毎月大量に生産する大量生産形態に適用される原価計算方法をいいます。

なお、総合原価計算のうち、1種類の製品を大量生産する生産形態に適用される原価計算方法（CHAPTER 07で学習する総合原価計算）を**単純総合原価計算**といいます。

II 総合原価計算の計算方法

総合原価計算では、当月に完成した完成品の原価（**完成品総合原価**）を計算したあと、完成品総合原価を当月に完成した製品の数量で割ることによって、完成品1個あたりの原価（**完成品単位原価**）を計算します。

なお、月末において未完成の製品（**月末仕掛品**）がある場合には、先に月末仕掛品原価を計算し、当月に投入した総製造原価から月末仕掛品原価を差し引くことにより、差額で完成品総合原価を計算します。

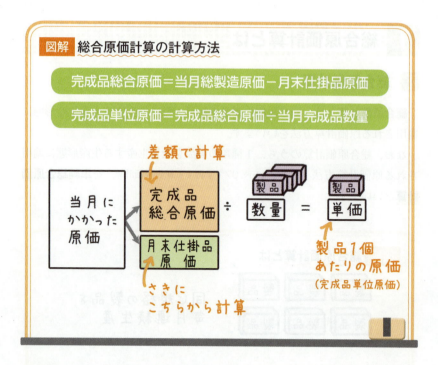

2 月末仕掛品がある場合

I 直接材料費と加工費

　総合原価計算では、製造原価を**直接材料費**と**加工費**に分けて計算します。
　直接材料費とは、ある製品にいくらかかったかが明らかな材料費をいい、加工費とは、直接材料費以外の原価をいいます。

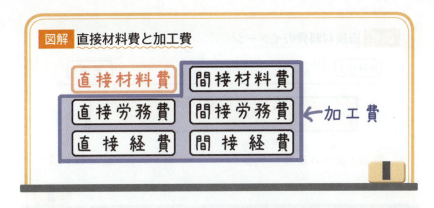

製造原価を直接材料費と加工費に分ける理由は、原価の発生の仕方が異なるからです。

1 直接材料費

　直接材料費は主に製品の本体となる材料（素材）なので、通常は製品を作り始めるときに、完成までに必要な量がすべて投入されます。

> **ひとこと**
>
> 試験では、「材料はすべて工程の始点で投入する」などの指示がつきます。
> 工程とは、作業段階のことをいいます。

　したがって、加工が進んだからといって、製品1個分の直接材料費が増えるわけではありません。

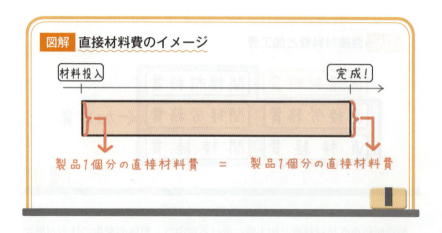

2 加工費

一方、加工費は加工が進むにつれて発生する原価です。

たとえば、直接工の賃金（直接労務費）は、これから製品を作り始めるという段階では（直接工はまだ何も作業をしていないので）0円ですが、直接工が5時間作業をすることによって、製品が完成に近づくとともに、5時間分の賃金が発生します。

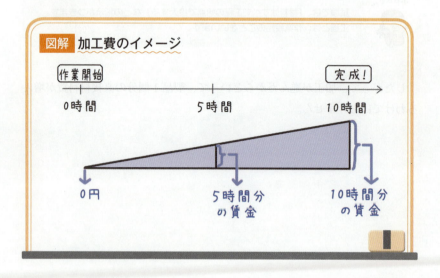

このように、加工費は製品の加工が進めば進むほど多く発生する原価のため、完成品1個あたりの加工費と月末仕掛品1個あたりの加工費は異なります。

そこで、加工費の計算をするさいには、月末仕掛品の数量が完成品の何個分に相当するのかを計算し、完成品の数量に換算する必要があります。この場合の、完成品の数量に換算した月末仕掛品の数量を**完成品換算量**といいます。

完成品換算量は、月末仕掛品数量に加工の進み具合（**加工進捗度**）を掛けて計算します。

> **ひとこと**
> 月初に仕掛品がある場合にも、月初仕掛品数量を完成品換算量になおして加工費を計算します。

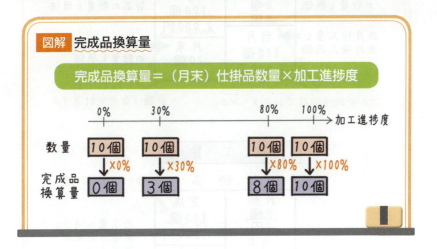

111

II 総合原価計算のボックス図

総合原価計算の問題を解くときには、次のような仕掛品のボックス図を用いると便利です。

なお、直接材料費と加工費を分けて計算するため、直接材料費のボックスと加工費のボックスを分けて書きます。

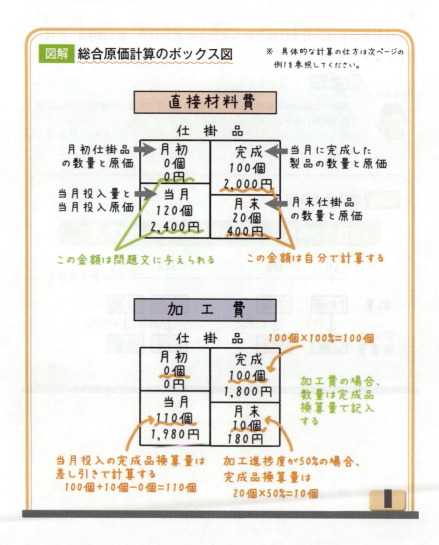

例1 ──────────── 月末仕掛品原価がある場合

次の資料にもとづいて、月末仕掛品原価、完成品総合原価、完成品単位原価を計算しなさい。

[資　料]

(1) 生産データ

月初仕掛品	0個
当月投入	120
合　計	120個
月末仕掛品	20　(50%)
完成品	100個

（　）内の数値は加工進捗度を示す。
材料はすべて工程の始点で投入している。

(2) 原価データ

	直接材料費	加工費
月初仕掛品	0円	0円
当月投入	2,400円	1,980円

例1の解答

月末仕掛品原価：**580**円

完成品総合原価：**3,800**円　　完成品単位原価：**@38**円

〈解説〉

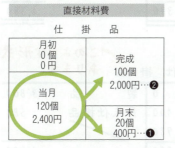

❶月末仕掛品：$\dfrac{2{,}400円}{120個} \times 20個 = 400円$

❷完成品：2,400円 − 400円 = 2,000円

＊1　20個 × 50% = 10個
＊2　100個 + 10個 − 0個 = 110個

❸月末仕掛品：$\dfrac{1{,}980円}{110個} \times 10個 = 180円$

❹完成品：1,980円 − 180円 = 1,800円

月末仕掛品原価：❶400円 + ❸180円 = 580円
完成品総合原価：❷2,000円 + ❹1,800円 = 3,800円
完成品単位原価：3,800円 ÷ 100個 = @38円

Ⅲ 仕掛品勘定の記入

　試験では、仕掛品勘定に金額を記入する問題が出題されることもあります。例1について、仕掛品勘定の記入を示すと次のようになります。

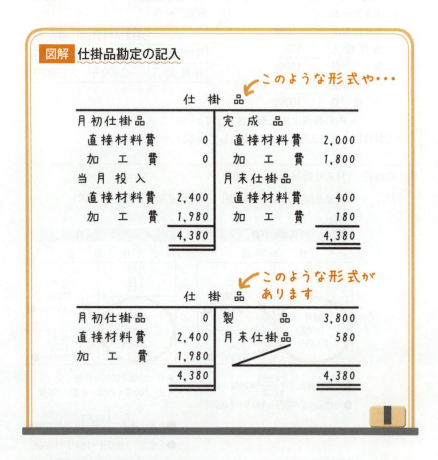

Ⅳ 総合原価計算表の記入

　総合原価計算表とは、総合原価計算を行うための表で、次のような形式をしています（金額は例1の金額です）。

ひとこと
試験で総合原価計算表に記入する問題も出題されますが、ボックス図で計算した金額を答案用紙の総合原価計算表に記入するだけです。

図解 総合原価計算表の記入

総合原価計算表　　　　　　（単位：円）

	直接材料費	加工費	合計
月初仕掛品原価	0	0	0
当月製造費用	2,400	1,980	4,380
合計	2,400	1,980	4,380
月末仕掛品原価	400	180	580
完成品総合原価	2,000	1,800	3,800

3 月初仕掛品がある場合

　月初仕掛品がある場合には、月初仕掛品原価と当月製造原価の合計を、完成品と月末仕掛品に配分します。

　月初仕掛品がある場合の月末仕掛品原価と完成品総合原価の計算方法には、**先入先出法**と**平均法**があります。

先入先出法と平均法の計算は、CHAPTER 02 材料費で学習した方法と同じです。

Ⅰ 先入先出法　　　　　　　　　　　　　Review CH.02 ③

　先入先出法は、先に投入したものから先に完成したと仮定して、月末仕掛品原価と完成品総合原価を計算する方法です。

先入先出法によった場合、先に投入した月初仕掛品から先に完成し、その後、当月投入分のうち一部が完成し、残りが月末仕掛品となります。
　したがって、月末仕掛品はすべて当月投入分から発生したと考えて計算することになります。

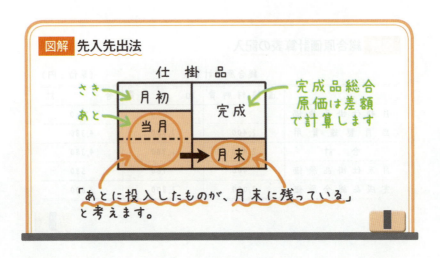

図解　先入先出法

「あとに投入したものが、月末に残っている」と考えます。

完成品総合原価は差額で計算します

例2　　　　　　　　　　　　　　　　　　　　　　　　先入先出法

　次の資料にもとづいて、先入先出法により、月末仕掛品原価、完成品総合原価、完成品単位原価を計算しなさい。

[資　料]
(1) 生産データ

　　月初仕掛品　　20個（50％）
　　当月投入　　 130
　　合　　計　　 150個
　　月末仕掛品　　50　（60％）
　　完成品　　　 100個
　　（　）内の数値は加工進捗度を示す。
　　材料はすべて工程の始点で投入している。

(2) 原価データ

	直接材料費	加工費
月初仕掛品	660円	220円
当月投入	2,340円	1,080円

例2の解答　月末仕掛品原価：**1,170**円
　　　　　完成品総合原価：**3,130**円　　完成品単位原価：@**31.3**円

〈解説〉

　　　直接材料費　　　　　　　　　　加工費

 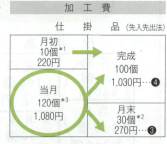

❶月末仕掛品：$\dfrac{2,340円}{130個}\times 50個＝900円$

❷完　成　品：$660円＋2,340円－900円$
　　　　　　　$＝2,100円$

＊1　20個×50％＝10個
＊2　50個×60％＝30個
＊3　100個＋30個－10個＝120個

❸月末仕掛品：$\dfrac{1,080円}{120個}\times 30個＝270円$

❹完　成　品：$220円＋1,080円－270円$
　　　　　　　$＝1,030円$

月末仕掛品原価：❶900円＋❸270円＝1,170円
完成品総合原価：❷2,100円＋❹1,030円＝3,130円
完成品単位原価：3,130円÷100個＝@31.3円

II 平均法

Review CH.02 ❸

　平均法は、月初仕掛品（前月投入分）と当月投入分から平均単価を計算し、この平均単価を用いて月末仕掛品原価および完成品総合原価を計算する方法です。

　平均単価を求める計算式を示すと次のとおりです。

図解 平均法

$$平均単価 = \frac{月初仕掛品原価 + 当月製造費用}{完成品数量 + 月末仕掛品数量}$$

仕掛品

月初 20個 660円	完成 100個 ？円
当月 130個 2,340円	月末 50個 ？円

平均単価

$$\frac{660円 + 2,340円}{100個 + 50個} = @20円$$

@20円

☆総合原価計算の場合、月末仕掛品原価を計算したあと、差額で完成品総合原価を計算しますが、平均法の場合、平均単価に完成品の数量を掛けたほうが計算が速い！

総合原価計算の計算セオリー
① 月末仕掛品原価を計算
　@20円×50個＝1,000円
② 差額で完成品総合原価を計算
　660円＋2,340円－1,000円
　＝2,000円

速解法
① 月末仕掛品原価を計算
　@20円×50個＝1,000円
② 完成品総合原価を計算
　@20円×100個＝2,000円

ひとこと

平均単価を求めるさいの分母は、「月初仕掛品の数量＋当月投入量」で計算してもかまいません。

$$\frac{660円 + 2,340円}{20個 + 130個} = @20円$$

しかし、総合原価計算では、前記のように「完成品の数量＋月末仕掛品の数量」で計算するのが一般的です。これは、当月総製造費用（月初仕掛品原価＋当月製造費用）を完成品と月末仕掛品に按分するという意味があるからです。

例3 　　　　　　　　　　　　　　　　　　　　　　　平均法

次の資料にもとづいて、平均法により、月末仕掛品原価、完成品総合原価、完成品単位原価を計算しなさい。

[資　料]
(1) 生産データ
　　月初仕掛品　　20個（50%）
　　当月投入　　　130
　　合　　計　　　150個
　　月末仕掛品　　50　（60%）
　　完　成　品　　100個
　（　）内の数値は加工進捗度を示す。
　材料はすべて工程の始点で投入している。

(2) 原価データ

	直接材料費	加　工　費
月初仕掛品	660円	220円
当月投入	2,340円	1,080円

例3の解答

月末仕掛品原価：**1,300**円

完成品総合原価：**3,000**円　　完成品単位原価：@**30**円

〈解説〉

直接材料費

平均単価：$\dfrac{660円+2,340円}{100個+50個}=@20円$

❶月末仕掛品：@20円×50個＝1,000円
❷完　成　品：@20円×100個＝2,000円

加　工　費

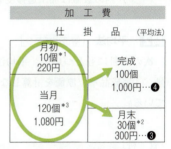

＊1　20個×50%＝10個
＊2　50個×60%＝30個
＊3　100個＋30個－10個＝120個

平均単価：$\dfrac{220円+1,080円}{100個+30個}=@10円$

❸月末仕掛品：@10円×30個＝300円
❹完　成　品：@10円×100個＝1,000円

月末仕掛品原価：❶1,000円＋❸300円＝1,300円
完成品総合原価：❷2,000円＋❹1,000円＝3,000円
完成品単位原価：3,000円÷100個＝@30円

CHAPTER 07　総合原価計算Ⅰ　基本問題

問1　先入先出法　[解答用紙あり]

次の資料にもとづいて、先入先出法により、①月末仕掛品原価、②完成品総合原価、③完成品単位原価を計算しなさい。なお、材料はすべて工程の始点で投入している。

[資　料]

1．生産データ

月初仕掛品　　100個（40％）
当月投入　　　250
合　　計　　　350個
月末仕掛品　　 50　（60％）
完　成　品　　300個
（　）内の数値は加工進捗度を示す。

2．原価データ

	直接材料費	加　工　費
月初仕掛品	5,300円	3,800円
当月投入	12,500円	23,200円

問2　平均法　[解答用紙あり]

次の資料にもとづいて、平均法により、①月末仕掛品原価、②完成品総合原価、③完成品単位原価を計算しなさい。なお、材料はすべて工程の始点で投入している。

[資　料]

1．生産データ

月初仕掛品　　200個（50％）
当月投入　　　500
合　　計　　　700個
月末仕掛品　　100　（40％）
完　成　品　　600個
（　）内の数値は加工進捗度を示す。

2．原価データ

	直接材料費	加　工　費
月初仕掛品	9,100円	5,080円
当月投入	21,000円	20,520円

解答

問1 先入先出法

①	月末仕掛品原価	4,900円
②	完成品総合原価	39,900円
③	完成品単位原価	@ 133円

〈解説〉

直接材料費	
仕　掛　品（先入先出法）	

月初 100個 5,300円	完成 300個 15,300円
当月 250個 12,500円	月末 50個 2,500円

月末仕掛品：$\dfrac{12,500円}{250個} \times 50個 = 2,500円$

完　成　品：5,300円 + 12,500円
　　　　　　 − 2,500円 = 15,300円

加　工　費	
仕　掛　品（先入先出法）	

月初 40個*1 3,800円	完成 300個 24,600円
当月 290個*3 23,200円	月末 30個*2 2,400円

- ＊1　100個 × 40% = 40個
- ＊2　50個 × 60% = 30個
- ＊3　300個 + 30個 − 40個 = 290個

月末仕掛品：$\dfrac{23,200円}{290個} \times 30個 = 2,400円$

完　成　品：3,800円 + 23,200円
　　　　　　 − 2,400円 = 24,600円

月末仕掛品原価：2,500円 + 2,400円 = 4,900円
完成品総合原価：15,300円 + 24,600円 = 39,900円
完成品単位原価：39,900円 ÷ 300個 = @133円

問2 平均法

①	月末仕掛品原価	5,900円
②	完成品総合原価	49,800円
③	完成品単位原価	@ 83円

〈解説〉

直接材料費	

仕　掛　品 （平均法）

月初 200個 9,100円	完成 600個 25,800円
当月 500個 21,000円	月末 100個 4,300円

平 均 単 価：$\dfrac{9{,}100円 + 21{,}000円}{600個 + 100個}$
$= @43円$

月末仕掛品：@43円×100個＝4,300円
完 成 品：@43円×600個＝25,800円

加　工　費	

仕　掛　品 （平均法）

月初 100個*1 5,080円	完成 600個 24,000円
当月 540個*3 20,520円	月末 40個*2 1,600円

＊1　200個×50％＝100個
＊2　100個×40％＝40個
＊3　600個＋40個－100個＝540個

平 均 単 価：$\dfrac{5{,}080円 + 20{,}520円}{600個 + 40個}$
$= @40円$

月末仕掛品：@40円×40個＝1,600円
完 成 品：@40円×600個＝24,000円

月末仕掛品原価：4,300円＋1,600円＝5,900円
完成品総合原価：25,800円＋24,000円＝49,800円
完成品単位原価：49,800円÷600個＝@83円

MEMO

CH
07
総合原価計算Ⅰ

基本問題

123

CHAPTER 08
総合原価計算 Ⅱ

◆ベースとなる計算方法はCHAPTER 07と同じ

　ここでは、総合原価計算のうち、工程別総合原価計算、組別総合原価計算、等級別総合原価計算についてみていきます。
　いずれも総合原価計算の仲間なので、基本的な計算の仕方はCHAPTER 07と同様です。どこが違うのかをしっかり把握してください。

製品の原価を計算するまでの流れ

Step1 材料費、労務費、経費を計算する（費目別計算）
→
Step2 製造間接費を各製品に配賦する
→
Step3 製品原価を計算する

個別原価計算　CHAPTER 05
総合原価計算 　CHAPTER 07〜09
- ✓ 総合原価計算の基礎
- ✓ 工程別総合原価計算、組別総合原価計算、等級別総合原価計算
- ✓ 総合原価計算の仕損・減損の処理、材料の追加投入

1 工程別総合原価計算

I 工程別総合原価計算とは

工程別総合原価計算とは、同一製品を、2つ以上の作業工程によって大量生産する生産形態に適用される原価計算をいいます。

工程が複数ある場合には、工程ごとに原価を計算することによって、どの工程で無駄があったのかを把握することができます。

これならわかる!!

たとえば、木製のイスをつくるとき、木材を切るという作業と切った木材を組み立てるという作業があります。

これらの作業は同じ工程で行ってもいいのですが、第1工程として切る作業、第2工程として組み立てる作業というように、作業によって工程を分けることがあります。

このように複数の工程がある場合に適用される原価計算を**工程別総合原価計算**といいます。

工程別総合原価計算
同一製品を2つ以上の作業工程で作っているという場合に適用される原価計算

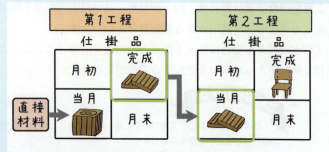

Ⅱ 工程別総合原価計算の計算方法

　工程別総合原価計算では、工程ごとに原価を計算していきます。
　まずは第１工程の完成品総合原価を計算します。第１工程完了品はそのまま第２工程に投入され、第２工程の始点で投入された材料として扱われます。したがって、第１工程の完成品総合原価は第２工程では直接材料費として計算します。
　なお、第２工程では第１工程の完成品総合原価のことを**前工程費**といいます。
　このように、第１工程の完成品総合原価を第２工程に振り替えて計算する方法を**累加法**といいます。

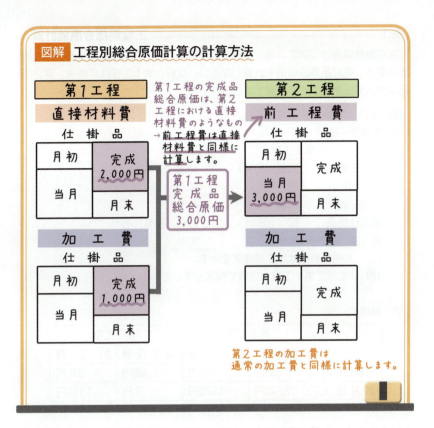

例1 ──────────────────────────────── **工程別総合原価計算**

次の資料にもとづいて、第1工程および第2工程の月末仕掛品原価、完成品総合原価、完成品単位原価を計算しなさい。なお、第1工程は平均法、第2工程は先入先出法によって計算すること。

[資 料]
(1) 生産データ

	第1工程	第2工程
月初仕掛品	20個（50%）	40個（50%）
当月投入	130	100
合 計	150個	140個
月末仕掛品	50 （60%）	50 （20%）
完 成 品	100個	90個

（ ）内の数値は加工進捗度を示す。
材料はすべて第1工程の始点で投入している。

(2) 原価データ

	第1工程		第2工程	
	直接材料費	加 工 費	前工程費	加 工 費
月初仕掛品	660円	220円	1,380円	370円
当月投入	2,340円	1,080円	?円	1,120円

例1の解答　第1工程　月末仕掛品原価：**1,300**円

　　　　　　　　　　完成品総合原価：**3,000**円　完成品単位原価：**@30**円

　　　　　　第2工程　月末仕掛品原価：**1,640**円

　　　　　　　　　　完成品総合原価：**4,230**円　完成品単位原価：**@47**円

128

〈解説〉
1. 第1工程の計算

平均単価：$\dfrac{660円+2,340円}{100個+50個} = @20円$

月末仕掛品：@20円×50個＝1,000円
完 成 品：@20円×100個＝2,000円

* 1　20個×50％＝10個
* 2　50個×60％＝30個
* 3　100個＋30個－10個＝120個

平均単価：$\dfrac{220円+1,080円}{100個+30個} = @10円$

月末仕掛品：@10円×30個＝300円
完 成 品：@10円×100個＝1,000円

月末仕掛品原価：1,000円＋300円＝1,300円
完成品総合原価：2,000円＋1,000円＝3,000円→第2工程の当月投入前工程費
完成品単位原価：3,000円÷100個＝@30円

2. 第2工程の計算

月末仕掛品：$\dfrac{3,000円}{100個} \times 50個 = 1,500円$

完 成 品：1,380円＋3,000円
　　　　　－1,500円＝2,880円

* 1　40個×50％＝20個
* 2　50個×20％＝10個
* 3　90個＋10個－20個＝80個

月末仕掛品：$\dfrac{1,120円}{80個} \times 10個 = 140円$

完 成 品：370円＋1,120円－140円
　　　　　＝1,350円

月末仕掛品原価：1,500円＋140円＝1,640円
完成品総合原価：2,880円＋1,350円＝4,230円
完成品単位原価：4,230円÷90個＝@47円

2 組別総合原価計算

I 組別総合原価計算とは

　組別総合原価計算とは、同じ作業工程で、2つ以上の異種製品を大量に生産する生産形態に適用される原価計算をいいます。

　組別総合原価計算では製品の種類のことを「**組**」とよびます。

> **これならわかる!!**
>
> 　たとえば、同じ作業工程でTシャツとトレーナーを作っているとしましょう。Tシャツとトレーナーは異なる種類の製品なので、本来は別々に原価を計算するべきです。
>
>
>
> 　しかし、同じ作業工程で作っているということは、同じミシンを使って縫っているわけですから、電気代は両方の原価として共通して発生します。このような場合、Tシャツの製造に電気代がいくらかかった、トレーナーの製造に電気代がいくらかかったというように、ひとつひとつの原価を分けて計算するのは、手間がかかります。
>
> 　たとえ異なる製品だとしても、同じ工程で作っているならば、共通して発生した原価をまとめて計算し、それをなんらかの基準で各製品に割り振ったあと、各製品の原価を計算したほうが計算の手間が省けます。このように、同じ作業工程で異種製品を大量生産している場合に適用される原価計算が**組別総合原価計算**です。

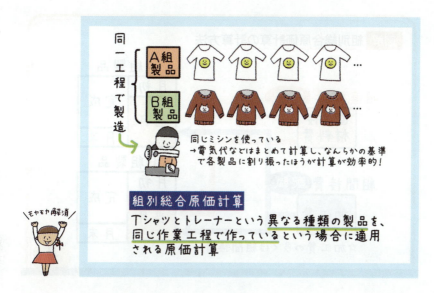

II 組別総合原価計算の計算方法

組別総合原価計算では、組製品ごとに原価を集計し、計算していきます。

各組製品の製造原価は、各組製品に個別に発生し、直接把握できるかどうかにより**組直接費**と**組間接費**に分類されます。

組直接費には、直接材料費、直接労務費、直接経費があり、組直接費は各組製品に個別に集計（賦課）します。

組間接費には、製造間接費があり、組間接費は一定の基準によって各組製品に割り当て（配賦し）ます。

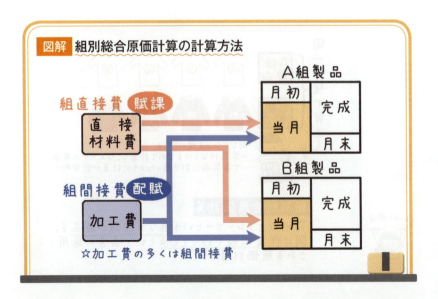

図解 組別総合原価計算の計算方法

例2　　　　　　　　　　　　　　　　　　　組別総合原価計算

次の資料にもとづいて、各組製品の月末仕掛品原価、完成品総合原価、完成品単位原価を計算しなさい。なお、組間接費は直接作業時間を基準に各製品に配賦しており、各組とも平均法によって計算すること。

［資　料］
(1) 生産データ

	A組製品	B組製品
月初仕掛品	20個（50%）	40個（50%）
当月投入	130	100
合　計	150個	140個
月末仕掛品	50　（60%）	50　（20%）
完　成　品	100個	90個

（　）内の数値は加工進捗度を示す。
材料はすべて工程の始点で投入している。

(2) 原価データ

	A組製品		B組製品	
	直接材料費	加 工 費	直接材料費	加 工 費
月初仕掛品	660円	220円	1,100円	400円
当月投入	2,340円	？円	2,400円	？円

※　直接材料費は組直接費、加工費は組間接費である。

(3) 加工費のデータ

	A組製品	B組製品
直 接 作 業 時 間	135時間	150時間
加工費実際発生額	2,280円	

例2の解答　A組製品　月末仕掛品原価：**1,300**円
　　　　　　　　　　完成品総合原価：**3,000**円　完成品単位原価：@**30**円
　　　　　B組製品　月末仕掛品原価：**1,410**円
　　　　　　　　　　完成品総合原価：**3,690**円　完成品単位原価：@**41**円

〈解説〉

1. 組間接費の配賦

　A組：$2,280円 \times \dfrac{135時間}{135時間+150時間} = 1,080円$

　B組：$2,280円 \times \dfrac{150時間}{135時間+150時間} = 1,200円$

2. A組製品の計算

直接材料費（組直接費）　　　　　加工費（組間接費）

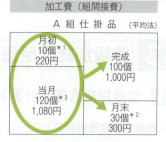

平均単価：$\dfrac{660円+2,340円}{100個+50個} = @20円$

月末仕掛品：@20円×50個＝1,000円
完　成　品：@20円×100個＝2,000円

* 1　20個×50％＝10個
* 2　50個×60％＝30個
* 3　100個＋30個－10個＝120個

平均単価：$\dfrac{220円+1,080円}{100個+30個} = @10円$

月末仕掛品：@10円×30個＝300円
完　成　品：@10円×100個＝1,000円

月末仕掛品原価：1,000円＋300円＝1,300円
完成品総合原価：2,000円＋1,000円＝3,000円
完成品単位原価：3,000円÷100個＝@30円

3．B組製品の計算

平均単価：$\dfrac{1,100円+2,400円}{90個+50個}=@25円$

月末仕掛品：@25円×50個＝1,250円
完 成 品：@25円×90個＝2,250円

＊1　40個×50％＝20個
＊2　50個×20％＝10個
＊3　90個＋10個－20個＝80個

平均単価：$\dfrac{400円+1,200円}{90個+10個}=@16円$

月末仕掛品：@16円×10個＝160円
完 成 品：@16円×90個＝1,440円

月末仕掛品原価：1,250円＋160円＝1,410円
完成品総合原価：2,250円＋1,440円＝3,690円
完成品単位原価：3,690円÷90個＝@41円

3 等級別総合原価計算

I 等級別総合原価計算とは

　等級別総合原価計算とは、同じ作業工程で、同一種類ではあるが、サイズや重さ、品質などの違いによって等級別に分けられる製品（**等級製品**）を大量に生産する生産形態に適用される原価計算をいいます。

たとえば、同じ作業工程でTシャツのMサイズとLサイズを作っているとしましょう。これらはサイズが異なるだけで、製品種類は同じ（Tシャツ）です。

このように、同じ作業工程でサイズ（MサイズとLサイズ）が異なる、同種製品（Tシャツ）を大量生産している場合に適用される原価計算が**等級別総合原価計算**です。

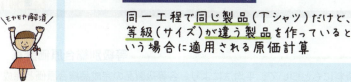

II 等級別総合原価計算の計算方法

等級別総合原価計算では、等級製品の完成品総合原価をまとめて計算したあと、各等級製品に原価を配分します。

各等級製品に原価を配分するさいには、サイズや重さなど、一定の値にもとづいて決定された原価の負担割合を用います。この原価負担割合を**等価係数**といいます。

また、各等級製品の完成品数量に等価係数を掛けた値を**積数**といい、積数によって完成品総合原価を各等級製品に配分します。

図解 等級別総合原価計算の計算方法

積数＝等価係数×各等級製品の完成品数量

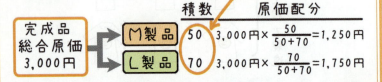

例3　　　　　　　　　　　　　　　　　　　等級別総合原価計算

次の資料にもとづいて、平均法により、各等級製品の完成品総合原価と完成品単位原価を計算しなさい。

[資　料]

(1) 生産データ

月初仕掛品	20個（50%）
当月投入	130
合　計	150個
月末仕掛品	50（60%）
完　成　品	100個

（　）内の数値は加工進捗度を示す。
材料はすべて工程の始点で投入している。

(2) 原価データ

	直接材料費	加工費
月初仕掛品	660円	220円
当月投入	2,340円	1,080円

(3) 各等級製品の完成品数量と等価係数

	M 製 品	L 製 品
完成品数量	50個	50個
等価係数	1	1.4

例3の解答　M製品　完成品総合原価：**1,250**円　完成品単位原価：@**25**円

　　　　　L製品　完成品総合原価：**1,750**円　完成品単位原価：@**35**円

〈解説〉
1．完成品総合原価の計算

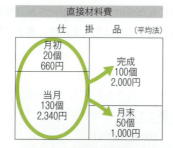
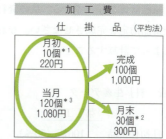

平均単価：$\dfrac{660円＋2,340円}{100個＋50個}＝@20円$

月末仕掛品：@20円×50個＝1,000円

完　成　品：@20円×100個＝2,000円

＊1　20個×50％＝10個
＊2　50個×60％＝30個
＊3　100個＋30個－10個＝120個

平均単価：$\dfrac{220円＋1,080円}{100個＋30個}＝@10円$

月末仕掛品：@10円×30個＝300円

完　成　品：@10円×100個＝1,000円

月末仕掛品原価：1,000円＋300円＝1,300円
完成品総合原価：2,000円＋1,000円＝3,000円

2．各等級製品の積数の計算
　M製品：50個×1＝50
　L製品：50個×1.4＝70

3．各等級製品の完成品総合原価の計算

　M製品：$3,000円×\dfrac{50}{50＋70}＝1,250円$

　L製品：$3,000円×\dfrac{70}{50＋70}＝1,750円$

M製品　完成品総合原価：1,250円
　　　　完成品単位原価：1,250円÷50個＝@25円
L製品　完成品総合原価：1,750円
　　　　完成品単位原価：1,750円÷50個＝@35円

CHAPTER 08 総合原価計算Ⅱ 基本問題

問1 工程別総合原価計算 〔解答用紙あり〕

　当工場は2つの工程を経て製品Aを連続生産しており、累加法による工程別総合原価計算を行っている。次の資料にもとづいて、解答用紙の総合原価計算表と仕掛品勘定を完成させなさい。なお、第1工程は先入先出法、第2工程は平均法によって計算すること。

［資　料］生産データ

	第1工程	第2工程
月初仕掛品	100個（50％）	100個（20％）
当月投入	250	300
合　計	350個	400個
月末仕掛品	50　（60％）	80　（50％）
完成品	300個	320個

（　）内の数値は加工進捗度を示す。

材料はすべて第1工程の始点で投入している。

問2 組別総合原価計算 解答用紙あり

当工場は製品Aと製品Bの2種類の異種製品を同一工程で連続生産しており、製品原価の計算方法は組別総合原価計算を採用している。次の資料にもとづいて、解答用紙の総合原価計算表を完成させなさい。なお、製品原価の計算は平均法によって計算すること。

[資 料]

1. 生産データ

	製品A	製品B
月初仕掛品	200個（40％）	300個（50％）
当月投入	450	600
合 計	650個	900個
月末仕掛品	150 （60％）	200 （25％）
完 成 品	500個	700個

（ ）内の数値は加工進捗度を示す。

材料はすべて工程の始点で投入している。

2. 原価データ

解答用紙の総合原価計算表に示したとおりである。なお、当月投入加工費のデータについては、下記を参照すること。

3. 加工費のデータ

加工費は組間接費であり、配賦基準は直接作業時間である。

	製品A	製品B
直 接 作 業 時 間	800時間	1,000時間
加工費実際発生額	183,600円	

問3 等級別総合原価計算 　解答用紙あり

　当工場は等級製品である製品X1と製品X2を連続生産しており、製品原価の計算方法は等級別総合原価計算を採用している。次の資料にもとづいて、各等級製品の①完成品総合原価と②完成品単位原価を計算しなさい。なお、材料はすべて工程の始点で投入しており、製品原価の計算は先入先出法によって計算すること。

[資　料]

1．生産データ

月初仕掛品	100個	（60%）
当月投入	550	
合　計	650個	
月末仕掛品	250	（40%）
完成品	400個	

（　）内の数値は加工進捗度を示す。

2．原価データ

	直接材料費	加工費
月初仕掛品	29,400円	23,720円
当月投入	157,300円	168,080円

3．各等級製品の完成品数量と等価係数

	製品X1	製品X2
完成品数量	300個	100個
等価係数	1	1.8

140

解答

問1 工程別総合原価計算

総合原価計算表 (単位：円)

	第 1 工 程		第 2 工 程	
	直接材料費	加 工 費	前工程費	加 工 費
月初仕掛品	9,600	4,750	23,000	3,520
当 月 投 入	25,500	24,920	57,000	47,600
合　　計	35,100	29,670	80,000	51,120
月末仕掛品	5,100	2,670	16,000	5,680
完 成 品	30,000	27,000	64,000	45,440

仕掛品 - 第 1 工程

月 初 有 高	14,350	次工程振替高	(57,000)
直 接 材 料 費	25,500	月 末 仕 掛 品	(7,770)
加 工 費	24,920		
	64,770		64,770

仕掛品 - 第 2 工程

月 初 有 高	26,520	完 成 品	(109,440)
前 工 程 費	(57,000)	月 末 仕 掛 品	(21,680)
加 工 費	47,600		
	(131,120)		(131,120)

〈解説〉

1．第1工程の計算

直接材料費

第 1 工程仕掛品 (先入先出法)

月初 100個 9,600円	完成 300個 30,000円
当月 250個 25,500円	月末 50個 5,100円

月末仕掛品：$\dfrac{25,500円}{250個} \times 50個$
　　　　　　$= 5,100円$

完 成 品：$9,600円 + 25,500円$
　　　　　　$- 5,100円 = 30,000円$

加 工 費

第 1 工程仕掛品 (先入先出法)

月初 50個*1 4,750円	完成 300個 27,000円
当月 280個*3 24,920円	月末 30個*2 2,670円

＊1　100個×50％＝50個
＊2　50個×60％＝30個
＊3　300個＋30個－50個＝280個

月末仕掛品：$\dfrac{24,920円}{280個} \times 30個$
　　　　　　$= 2,670円$

完 成 品：$4,750円 + 24,920円$
　　　　　　$- 2,670円 = 27,000円$

月末仕掛品原価：5,100円＋2,670円＝7,770円
完成品総合原価：30,000円＋27,000円＝57,000円

2．第2工程の計算

前 工 程 費

第2工程仕掛品　　（平均法）

月初 100個 23,000円	完成 320個 64,000円
当月 300個 57,000円*1	月末 80個 16,000円

＊1　第1工程完成品総合原価

平 均 単 価：$\dfrac{23,000円＋57,000円}{320個＋80個}$
　　　　　　　＝@200円
月末仕掛品：@200円×80個
　　　　　　　＝16,000円
完 成 品：@200円×320個
　　　　　　　＝64,000円

加 工 費

第2工程仕掛品　　（平均法）

月初 20個*2 3,520円	完成 320個 45,440円
当月 340個*4 47,600円	月末 40個*3 5,680円

＊2　100個×20％＝20個
＊3　80個×50％＝40個
＊4　320個＋40個－20個＝340個

平 均 単 価：$\dfrac{3,520円＋47,600円}{320個＋40個}$
　　　　　　　＝@142円
月末仕掛品：@142円×40個
　　　　　　　＝5,680円
完 成 品：@142円×320個
　　　　　　　＝45,440円

月末仕掛品原価：16,000円＋5,680円＝21,680円
完成品総合原価：64,000円＋45,440円＝109,440円

問2　組別総合原価計算

総 合 原 価 計 算 表

（単位：円）

	製　品　A		製　品　B	
	直接材料費	加　工　費	直接材料費	加　工　費
月初仕掛品原価	45,300	15,160	52,800	26,250
当月製造費用	99,000	81,600	109,200	102,000
合　　　計	144,300	96,760	162,000	128,250
月末仕掛品原価	33,300	14,760	36,000	8,550
完成品総合原価	111,000	82,000	126,000	119,700
完成品単位原価	@386		@351	

142

〈解説〉

1．組間接費の配賦

製品A：$183,600円 \times \dfrac{800時間}{800時間 + 1,000時間} = 81,600円$

製品B：$183,600円 \times \dfrac{1,000時間}{800時間 + 1,000時間} = 102,000円$

2．製品Aの計算

直接材料費		
仕　掛　品　（平均法）		
月初 200個 45,300円	完成 500個 111,000円	
当月 450個 99,000円	月末 150個 33,300円	

加　工　費		
仕　掛　品　（平均法）		
月初 80個[*1] 15,160円	完成 500個 82,000円	
当月 510個[*3] 81,600円	月末 90個[*2] 14,760円	

平　均　単　価：$\dfrac{45,300円 + 99,000円}{500個 + 150個}$
　　　　　　　　$= @222円$

月末仕掛品：$@222円 \times 150個$
　　　　　　$= 33,300円$

完　成　品：$@222円 \times 500個$
　　　　　　$= 111,000円$

* 1　$200個 \times 40\% = 80個$
* 2　$150個 \times 60\% = 90個$
* 3　$500個 + 90個 - 80個 = 510個$

平　均　単　価：$\dfrac{15,160円 + 81,600円}{500個 + 90個}$
　　　　　　　　$= @164円$

月末仕掛品：$@164円 \times 90個$
　　　　　　$= 14,760円$

完　成　品：$@164円 \times 500個$
　　　　　　$= 82,000円$

月末仕掛品原価：33,300円 + 14,760円 = 48,060円
完成品総合原価：111,000円 + 82,000円 = 193,000円
完成品単位原価：193,000円 ÷ 500個 = @386円

3．製品Bの計算

直接材料費		
仕　掛　品　（平均法）		
月初 300個 52,800円	完成 700個 126,000円	
当月 600個 109,200円	月末 200個 36,000円	

加　工　費		
仕　掛　品　（平均法）		
月初 150個[*1] 26,250円	完成 700個 119,700円	
当月 600個[*3] 102,000円	月末 50個[*2] 8,550円	

$$\text{平 均 単 価}：\frac{52,800円+109,200円}{700個+200個}$$
$$=@180円$$

月末仕掛品：@180円×200個
$$=36,000円$$

完 成 品：@180円×700個
$$=126,000円$$

＊1　300個×50％＝150個
＊2　200個×25％＝50個
＊3　700個＋50個－150個＝600個

$$\text{平 均 単 価}：\frac{26,250円+102,000円}{700個+50個}$$
$$=@171円$$

月末仕掛品：@171円×50個
$$=8,550円$$

完 成 品：@171円×700個
$$=119,700円$$

月末仕掛品原価：36,000円＋8,550円＝44,550円
完成品総合原価：126,000円＋119,700円＝245,700円
完成品単位原価：245,700円÷700個＝@351円

問3　等級別総合原価計算

製品X1　①　完成品総合原価　　**168,000**円
　　　　　②　完成品単位原価　@　**560**円
製品X2　①　完成品総合原価　　**100,800**円
　　　　　②　完成品単位原価　@　**1,008**円

〈解説〉

1．完成品総合原価の計算

直接材料費	
仕　　掛　　品　(先入先出法)	

月初 100個 29,400円	完成 400個 115,200円
当月 550個 157,300円	月末 250個 71,500円

月末仕掛品：$\dfrac{157,300円}{550個}×250個$
$$=71,500円$$

完 成 品：29,400円＋157,300円
$$-71,500円＝115,200円$$

加　工　費	
仕　　掛　　品　(先入先出法)	

月初 60個＊1 23,720円	完成 400個 153,600円
当月 440個＊3 168,080円	月末 100個＊2 38,200円

＊1　100個×60％＝60個
＊2　250個×40％＝100個
＊3　400個＋100個－60個＝440個

月末仕掛品：$\dfrac{168,080円}{440個}×100個$
$$=38,200円$$

完 成 品：23,720円＋168,080円
$$-38,200円＝153,600円$$

月末仕掛品原価：71,500円＋38,200円＝109,700円
完成品総合原価：115,200円＋153,600円＝268,800円

2．各等級製品の積数の計算
製品Ｘ1：300個×1＝300
製品Ｘ2：100個×1.8＝180

3．各等級製品の完成品総合原価の計算
製品Ｘ1：$268,800円 \times \dfrac{300}{300+180} = 168,000円$

製品Ｘ2：$268,800円 \times \dfrac{180}{300+180} = 100,800円$

4．各等級製品の完成品単位原価の計算
製品Ｘ1：168,000円÷300個＝@560円
製品Ｘ2：100,800円÷100個＝@1,008円

CHAPTER 09

総合原価計算Ⅲ

◆仕損・減損の発生点、材料の追加時点に注目！
　ここでは、総合原価計算の仕損・減損の処理、材料の追加投入についてみていきます。
　ここで学習する内容は、CHAPTER 07やCHAPTER 08で学習した内容と絡めて出題されることもあるので、ひとつひとつ丁寧におさえるようにしてください。

製品の原価を計算するまでの流れ

Step1 材料費、労務費、経費を計算する（費目別計算）
→ Step2 製造間接費を各製品に配賦する
→ Step3 製品原価を計算する

個別原価計算　CHAPTER 05
総合原価計算　CHAPTER 07〜09
- ✓ 総合原価計算の基礎
- ✓ 工程別総合原価計算、組別総合原価計算、等級別総合原価計算
- ✓ 総合原価計算の仕損・減損の処理、材料の追加投入

1 仕損・減損の処理

Ⅰ 仕損・減損とは

仕損とは、製品の製造過程で、何らかの原因によって加工に失敗し、不良品（仕損品）が生じることをいいます。

減損とは、製品の製造過程で、蒸発、粉散、ガス化などによって原材料が消滅してしまうことをいいます。

仕損の場合は、不良品とはいえ形が残りますが、減損の場合には、形が残らない点が両者の違いです。

これならわかる!!

たとえば、木製のイスを作るために木材を切っている段階で、サイズを間違えて切ってしまったとしましょう。この場合の失敗品を**仕損品**といいます。

仕損品はそもそも不良品なので、お客さんに販売することはできません。しかし、不良品としての形は残りますので、その素材である木材はいくらかの価値でほかに販売することができる場合があります。

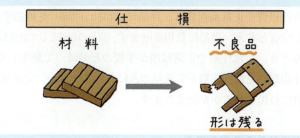

一方、水のような液体を鍋で熱すると、水分の一部が蒸発し、鍋の中の水はもとの量よりも減ります。この場合の蒸発分を**減損**といいます。

減損の場合には、液体等が消えてなくなってしまうため、形は残りません。

この、「形が残るか残らないか」が仕損と減損の大きな違いです。

また、仕損品の原価を**仕損費**といい、減損分の原価を**減損費**といいます。

II 正常仕損と異常仕損

　通常、製品の製造においては、ある程度の仕損や減損の発生はしかたありません。このような通常発生する程度の仕損や減損を**正常仕損・正常減損**といいます。
　一方、通常発生する程度を超えて発生した仕損や減損を**異常仕損・異常減損**といいます。

　　異常仕損・異常減損の処理は２級の範囲ではないので、本書では異常仕損・異常減損の処理の説明は省略します。

III 正常仕損・正常減損の処理

　正常仕損費や正常減損費は、良品（完成品と仕掛品）を製造するために不可避的な原価と考え、良品に負担させます（良品の原価として計算します）。
　このとき、正常仕損や正常減損が工程のどの時点で発生したかによって、正常仕損費や正常減損費を完成品のみに負担させるか、完成品と月末仕掛品の両者に負担させるかが決まります。

1 完成品のみ負担の場合

　正常仕損（正常減損）の発生点が、月末仕掛品の加工進捗度よりもあとの場合、正常仕損費（正常減損費）は、完成品のみに負担させます。

148

これならわかる!!

たとえば、月末仕掛品の加工進捗度が60%、仕損の発生点が工程の終点（加工進捗度が100%）という場合、仕損は加工進捗度60%では発生していないことになります。つまり、この仕損は完成品として仕上げる段階で生じたものなので、この場合の正常仕損費はすべて完成品の原価として処理する（完成品のみに負担させる）のです。

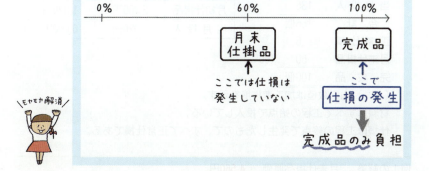

完成品のみ負担の場合、正常仕損品（正常減損分）を完成品とみなして計算します。

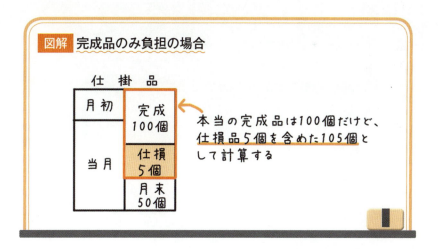

▶ **例 1** ━━━━━━━━━━━━━━━━━━━━━━━━━ **完成品のみ負担の場合**

次の資料にもとづいて、平均法により、月末仕掛品原価、完成品総合原価、完成品単位原価を計算しなさい。

[資 料]

(1) 生産データ

月初仕掛品	20個	(50%)
当 月 投 入	135	
合 計	155個	
正 常 仕 損	5	
月末仕掛品	50	(60%)
完 成 品	100個	

( )内の数値は加工進捗度を示す。

材料はすべて工程の始点で投入している。

仕損は工程の終点で発生したもので、すべて正常仕損である。

(2) 原価データ

	直接材料費	加 工 費
月初仕掛品	2,280円	1,020円
当 月 投 入	7,020円	6,000円

例1の解答　月末仕掛品原価：**4,560円**

完成品総合原価：**11,760円**　完成品単位原価：@**117.6円**

150

〈解説〉

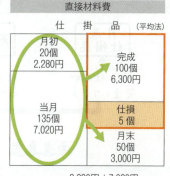

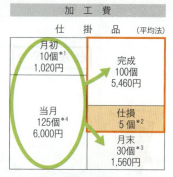

平均単価：$\dfrac{2{,}280円+7{,}020円}{100個+5個+50個}$
　　　　$=@60円$
月末仕掛品：$@60円×50個=3{,}000円$
完　成　品：$@60円×(100個+5個)$
　　　　　　$=6{,}300円$

* 1　$20個×50\%=10個$
* 2　$5個×100\%=5個$　↳工程の終点
　　　　　　　　　　　　$=$加工進捗度100%
* 3　$50個×60\%=30個$
* 4　$100個+5個+30個-10個$
　　　$=125個$

平均単価：$\dfrac{1{,}020円+6{,}000円}{100個+5個+30個}$
　　　　$=@52円$
月末仕掛品：$@52円×30個=1{,}560円$
完　成　品：$@52円×(100個+5個)$
　　　　　　$=5{,}460円$

月末仕掛品原価：$3{,}000円+1{,}560円=4{,}560円$
完成品総合原価：$6{,}300円+5{,}460円=11{,}760円$
完成品単位原価：$11{,}760円÷100個=@117.6円$

2 両者負担の場合

　正常仕損（正常減損）の発生点が、月末仕掛品の加工進捗度よりも前の場合、正常仕損費（正常減損費）は、完成品と月末仕掛品の両者に負担させます。

これならわかる!!

　たとえば、月末仕掛品の加工進捗度が60％、仕損の発生点が工程の始点（加工進捗度が0％）という場合、仕損は加工進捗度60％の時点ですでに発生しているということになります。つまり、この仕損は完成品と月末仕掛品の両方を作るために不可避的に発生してしまうものということです。したがって、この場合の正常仕損費は、完成品と月末仕掛品の両方の原価として処理する（完成品と月末仕掛品の両者に負担させる）のです。

151

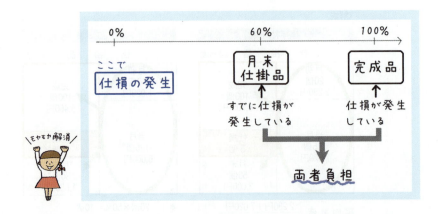

両者負担の場合、正常仕損（正常減損）がなかったものとして、当月投入総製造費用（月初仕掛品原価＋当月投入製造原価）を完成品と月末仕掛品に按分します。

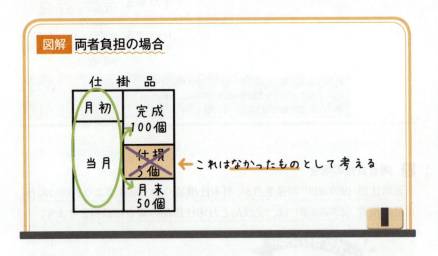

例2　　　　　　　　　　　　　　　　　　　　　　両者負担の場合

次の資料にもとづいて、平均法により、月末仕掛品原価、完成品総合原価、完成品単位原価を計算しなさい。

[資 料]
(1) 生産データ

月初仕掛品　20個 (50%)
当 月 投 入　135
　合　　計　155個
正 常 仕 損　5
月末仕掛品　50 (60%)
完 成 品　100個

(　)内の数値は加工進捗度を示す。
材料はすべて工程の始点で投入している。
仕損は工程の始点で発生したもので、すべて正常仕損である。

(2) 原価データ

	直接材料費	加工費
月初仕掛品	2,280円	1,020円
当 月 投 入	7,020円	6,000円

例2の解答　月末仕掛品原価：　4,720円
　　　　　　完成品総合原価：　11,600円　　完成品単位原価：@116円

〈解説〉

直接材料費

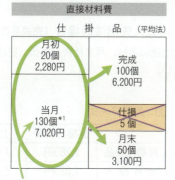

仕損分（5個）を差し引く！

*1　100個＋50個－20個＝130個

平均単価：$\frac{2,280円＋7,020円}{100個＋50個}$
　　　　＝@62円
月末仕掛品：@62円× 50個＝3,100円
完 成 品：@62円×100個＝6,200円

加 工 費

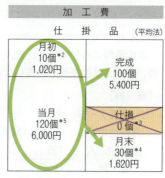

*2　20個×50%＝10個
*3　5個× 0 %＝ 0 個
　　　　　　↳工程の始点
　　　　　　　＝加工進捗度 0 %
*4　50個×60%＝30個
*5　100個＋30個－10個＝120個

平均単価：$\frac{1,020円＋6,000円}{100個＋30個}$
　　　　＝@54円
月末仕掛品：@54円× 30個＝1,620円
完 成 品：@54円×100個＝5,400円

月末仕掛品原価：3,100円＋1,620円＝4,720円
完成品総合原価：6,200円＋5,400円＝11,600円
完成品単位原価：11,600円÷100個＝@116円

問題では、正常仕損（正常減損）の発生点が把握できない（不明）な場合があります。この場合、計算の便宜上、正常仕損費（正常減損費）は完成品と月末仕掛品の両者に負担させます。

Ⅳ 先入先出法の場合の正常仕損・正常減損の処理

先入先出法の場合には、正常仕損や正常減損はすべて当月投入分から生じたと考えて計算します。

例3　　　　　　　　　　　先入先出法の場合（完成品のみ負担）

次の資料にもとづいて、先入先出法により、月末仕掛品原価、完成品総合原価、完成品単位原価を計算しなさい。

［資　料］
(1)　生産データ
月初仕掛品　　20個（50％）
当月投入　　135
合　計　　　155個
正常仕損　　　5
月末仕掛品　　50　（60％）
完　成　品　　100個
（　）内の数値は加工進捗度を示す。
材料はすべて工程の始点で投入している。
仕損は工程の終点で発生したもので、すべて正常仕損である。

(2)　原価データ

	直接材料費	加工費
月初仕掛品	2,280円	1,020円
当月投入	7,020円	6,000円

例3の解答　月末仕掛品原価：　4,040円
完成品総合原価：12,280円　　完成品単位原価：@122.8円

〈解説〉

直接材料費	加工費

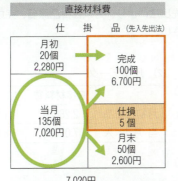
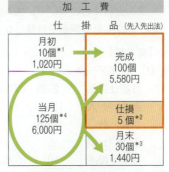

月末仕掛品：$\dfrac{7,020円}{135個} \times 50個 = 2,600円$

完 成 品：2,280円＋7,020円
　　　　　－2,600円＝6,700円

＊1　20個×50％＝10個
＊2　5個×100％＝5個
＊3　50個×60％＝30個
＊4　100個＋5個＋30個－10個
　　　＝125個

月末仕掛品：$\dfrac{6,000円}{125個} \times 30個 = 1,440円$

完 成 品：1,020円＋6,000円
　　　　　－1,440円＝5,580円

月末仕掛品原価：2,600円＋1,440円＝4,040円
完成品総合原価：6,700円＋5,580円＝12,280円
完成品単位原価：12,280円÷100個＝@122.8円

例4　　先入先出法の場合（両者負担）

次の資料にもとづいて、先入先出法により、月末仕掛品原価、完成品総合原価、完成品単位原価を計算しなさい。

［資　料］
(1) 生産データ
月初仕掛品　　20個（50%）
当月投入　　135
合　計　　　155個
正常仕損　　　5
月末仕掛品　　50（60%）
完成品　　　100個
（　）内の数値は加工進捗度を示す。
材料はすべて工程の始点で投入している。
仕損は工程の始点で発生したもので、すべて正常仕損である。

(2) 原価データ

	直接材料費	加　工　費
月初仕掛品	2,280円	1,020円
当月投入	7,020円	6,000円

例4の解答
月末仕掛品原価：**4,200円**
完成品総合原価：**12,120円**　　完成品単位原価：@**121.2**円

〈解説〉

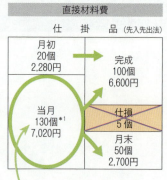

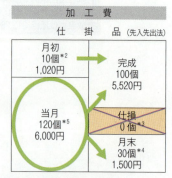

仕損分（5個）を差し引く！
* 1　100個＋50個－20個＝130個

月末仕掛品：$\frac{7,020円}{130個} \times 50個 = 2,700円$
完　成　品：2,280円＋7,020円
　　　　　　－2,700円＝6,600円

* 2　20個×50%＝10個
* 3　5個×0%＝0個
* 4　50個×60%＝30個
* 5　100個＋30個－10個＝120個

月末仕掛品：$\frac{6,000円}{120個} \times 30個 = 1,500円$
完　成　品：1,020円＋6,000円
　　　　　　－1,500円＝5,520円

月末仕掛品原価：2,700円＋1,500円＝4,200円
完成品総合原価：6,600円＋5,520円＝12,120円
完成品単位原価：12,120円÷100個＝@121.2円

Ⅴ 仕損品に評価額がある場合の処理

　仕損品は不良品なので、製品として販売することはできませんが、形が残るので、残った材料を売却できることがあります。この場合の仕損品の売却価額を（仕損品の）**評価額**といいます。
　仕損品に評価額がある場合、仕損品の原価から評価額を差し引いた金額が正常仕損費となります。

1 完成品のみ負担の場合

　完成品のみ負担の場合において、仕損品に評価額があるときは、完成品総合原価を計算したあと、完成品総合原価から仕損品の評価額を差し引きます。

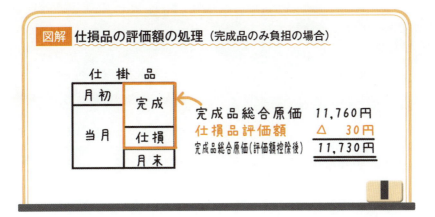

例5 ────── 仕損品に評価額がある場合の処理（完成品のみ負担）

次の資料にもとづいて、平均法により、月末仕掛品原価、完成品総合原価、完成品単位原価を計算しなさい。なお、仕損品の評価額は30円であり、これは主に直接材料の価値である。

[資　料]

(1) 生産データ

月初仕掛品	20個	（50%）
当月投入	135	
合　計	155個	
正常仕損	5	
月末仕掛品	50	（60%）
完成品	100個	

（　）内の数値は加工進捗度を示す。

材料はすべて工程の始点で投入している。

仕損は工程の終点で発生したもので、すべて正常仕損である。

(2) 原価データ

	直接材料費	加　工　費
月初仕掛品	2,280円	1,020円
当月投入	7,020円	6,000円

例5の解答　月末仕掛品原価： **4,560円**

完成品総合原価： **11,730円**　　完成品単位原価： **@117.3円**

158

〈解説〉

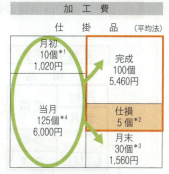

平均単価： $\dfrac{2,280円+7,020円}{100個+5個+50個}$
　　　　　＝@60円
月末仕掛品：@60円×50個＝3,000円
完　成　品：@60円×（100個＋5個）
　　　　　＝6,300円

＊1　20個×50％＝10個
＊2　5個×100％＝5個
＊3　50個×60％＝30個
＊4　100個＋5個＋30個−10個
　　　＝125個

平均単価： $\dfrac{1,020円+6,000円}{100個+5個+30個}$
　　　　　＝@52円
月末仕掛品：@52円×30個＝1,560円
完　成　品：@52円×（100個＋5個）
　　　　　＝5,460円

月末仕掛品原価：3,000円＋1,560円＝4,560円
完成品総合原価：6,300円＋5,460円−30円＝11,730円
　　　　　　　　　　　　　　　　評価額
完成品単位原価：11,730円÷100個＝@117.3円

2 両者負担の場合

　両者負担の場合において、仕損品に評価額があるときは、当月投入の直接材料費から仕損品の評価額を差し引き、評価額を差し引いたあとの直接材料費の金額を用いて、月末仕掛品原価と完成品総合原価を計算します。

ひとこと

　仕損品の評価額は主に材料の価値と考えられるため、評価額を直接材料費から差し引くのです。

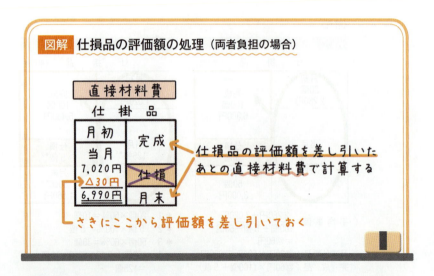

例6 ━━━━━━━ 仕損品に評価額がある場合の処理（両者負担）

次の資料にもとづいて、平均法により、月末仕掛品原価、完成品総合原価、完成品単位原価を計算しなさい。なお、仕損品の評価額は30円であり、これは主に直接材料の価値のため、当月投入の直接材料費から控除する。

[資料]
(1) 生産データ

月初仕掛品	20個（50%）
当月投入	135
合　計	155個
正常仕損	5
月末仕掛品	50 （60%）
完成品	100個

(　)内の数値は加工進捗度を示す。
材料はすべて工程の始点で投入している。
仕損は工程の始点で発生したもので、すべて正常仕損である。

(2) 原価データ

	直接材料費	加　工　費
月初仕掛品	2,280円	1,020円
当月投入	7,020円	6,000円

例6の解答　月末仕掛品原価：**4,710**円
　　　　　　完成品総合原価：**11,580**円　　完成品単位原価：**@115.8**円

〈解説〉

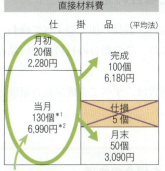
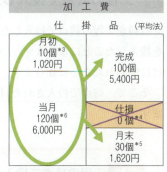

仕損品の数量（5個）と評価額（30円）を差し引く！

＊1　100個＋50個－20個＝130個
＊2　7,020円－30円＝6,990円

＊3　20個×50％＝10個
＊4　5個×0％＝0個
＊5　50個×60％＝30個
＊6　100個＋30個－10個＝120個

平均単価：$\dfrac{2,280円＋6,990円}{100個＋50個}$ ＝＠61.8円

月末仕掛品：＠61.8円×50個＝3,090円
完　成　品：＠61.8円×100個
　　　　　　＝6,180円

平均単価：$\dfrac{1,020円＋6,000円}{100個＋30個}$ ＝＠54円

月末仕掛品：＠54円× 30個＝1,620円
完　成　品：＠54円×100個＝5,400円

月末仕掛品原価：3,090円＋1,620円＝4,710円
完成品総合原価：6,180円＋5,400円＝11,580円
完成品単位原価：11,580円÷100個＝＠115.8円

2　材料の追加投入

1　材料の追加投入

　これまでは、材料は工程の始点で投入されていることが前提でしたが、始点で投入する場合のほかに、工程の終点や途中で投入する場合や、平均的に材料を投入する場合もあります。
　材料を追加投入したときは、材料の投入時点によって処理が異なります。

Ⅱ 工程の終点で投入した場合の処理

　材料を工程の終点で投入した場合、製品の加工がすべて終わってから材料を投入したことになります。つまり、この場合の材料は完成品を作るためだけに使われたことになります。

　そこで、終点で投入された材料費は、すべて完成品総合原価として処理します。

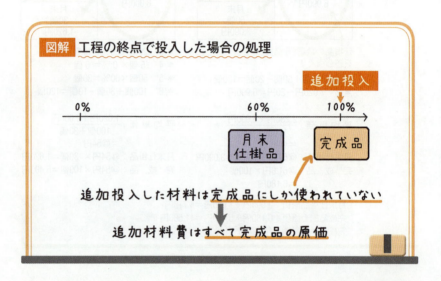

例7　　　　　　　　　　　　　　　　　　　工程の終点で投入した場合の処理

　次の資料にもとづいて、平均法により、月末仕掛品と完成品に含まれるＢ材料費を計算しなさい。

[資　料]
(1) 生産データ
　月初仕掛品　　20個　（50％）
　当月投入　　 130
　　合　計　　 150個
　月末仕掛品　　50　（60％）
　完成品　　　 100個
　（　）内の数値は加工進捗度を示す。
　Ｂ材料は工程の終点で投入している。

(2) 原価データ

	Ｂ材料費
月初仕掛品	0円
当月投入	1,000円

例7の解答	月末仕掛品に含まれるB材料費：	0円
	完成品に含まれるB材料費：	1,000円

〈解説〉

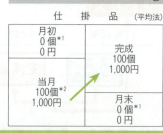

* 1　終点投入のため、月初仕掛品および月末仕掛品にはB材料は含まれていません。したがって、仕掛品の数量を0個として計算します。

* 2　100個＋0個－0個＝100個

Ⅲ 工程の途中で投入した場合の処理

材料を工程の途中で投入した場合、投入時点と月末仕掛品の加工進捗度を比べ、その材料が月末仕掛品にも使われたかどうかによって計算が異なります。

1 材料の投入時点が月末仕掛品の加工進捗度よりも前の場合

材料の投入時点が月末仕掛品の加工進捗度よりも前の場合には、月末仕掛品にもこの材料が使われていることになります。したがって、追加投入した材料費は完成品と月末仕掛品で按分します。

2 材料の投入時点が月末仕掛品の加工進捗度よりも後の場合

材料の投入時点が月末仕掛品の加工進捗度よりも後の場合には、月末仕掛品にはまだこの材料が使われていないことになります。したがって、追加投入した材料費はすべて完成品総合原価として処理します。

図解 工程の途中で投入した場合の処理

材料の投入時点が月末仕掛品の加工進捗度よりも前

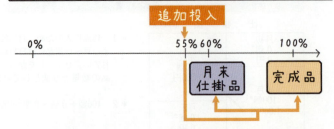

追加投入した材料は完成品と月末仕掛品の両方に使われている

↓

追加材料費は完成品と月末仕掛品に按分

材料の投入時点が月末仕掛品の加工進捗度よりも後

追加投入した材料は完成品にしか使われていない

↓

追加材料費はすべて完成品の原価

例8　　　　　　　　　　　　　　工程の途中で投入した場合の処理

次の資料にもとづいて、平均法により、月末仕掛品と完成品に含まれるC材料費を計算しなさい。

[資　料]
(1)　生産データ
　　月初仕掛品　　20個　（50％）
　　当月投入　　 130
　　　合　計　　 150個
　　月末仕掛品　　50　（60％）
　　完　成　品　 100個
　　（　）内の数値は加工進捗度を示す。
　　C材料は加工進捗度55％の時点で投入している。

(2)　原価データ

	C材料費
月初仕掛品	0円
当月投入	3,000円

例8の解答
月末仕掛品に含まれるC材料費：**1,000**円

完成品に含まれるC材料費：**2,000**円

〈解説〉

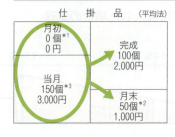

＊1　月初仕掛品（加工進捗度50％）は、材料の追加投入点（加工進捗度55％）を通過していないため、C材料は含まれていません。したがって、数量を0個として計算します。

＊2　月末仕掛品（加工進捗度60％）は、材料の追加投入点（加工進捗度55％）を通過しているため、C材料が含まれています。したがって、数量を50個として計算します。

＊3　100個＋50個－0個＝150個

平均単価：$\dfrac{0円＋3,000円}{100個＋50個}$＝＠20円

月末仕掛品：＠20円× 50個＝1,000円
完　成　品：＠20円×100個＝2,000円

Ⅳ 工程を通じて平均的に投入した場合の処理

「工程を通じて平均的に投入する」とは、加工の進み具合に比例して徐々に材料を投入するということです。

綿糸から綿織物を作る場合、完成品に近づくほど、多くの綿糸が使われていることになります。この場合の綿糸のような材料の投入方法を「工程を通じて平均的に投入する」といいます。

この場合の材料費の発生の仕方は加工費の発生の仕方と同じです。

したがって、加工費の計算と同様に、加工進捗度を加味した完成品換算量を用いて計算します。

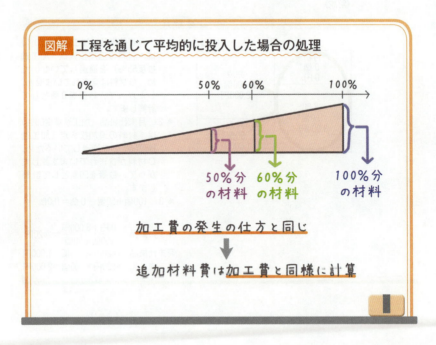

例9 ── 工程を通じて平均的に投入した場合の処理

次の資料にもとづいて、平均法により、月末仕掛品と完成品に含まれるD材料費を計算しなさい。

[資 料]

(1) 生産データ

月初仕掛品　20個（50%）
当月投入　　130
合　計　　　150個
月末仕掛品　50　（60%）
完 成 品　　100個

（　）内の数値は加工進捗度を示す。
D材料は工程を通じて平均的に投入している。

(2) 原価データ

	D材料費
月初仕掛品	270円
当月投入	1,680円

例9の解答　月末仕掛品に含まれるD材料費：450円
　　　　　　完成品に含まれるD材料費：1,500円

〈解説〉

* 1　20個×50%＝10個
* 2　50個×60%＝30個
* 3　100個＋30個－10個＝120個

平均単価：$\dfrac{270円＋1,680円}{100個＋30個}＝@15円$

月末仕掛品：@15円× 30個＝　450円
完 成 品：@15円×100個＝1,500円

CHAPTER 09　総合原価計算Ⅲ　基本問題

問1　仕損・減損の処理（完成品のみ負担）　[解答用紙あり]

次の資料にもとづいて、平均法により、①月末仕掛品原価、②完成品総合原価、③完成品単位原価を計算しなさい。

[資　料]

1．生産データ

月初仕掛品　　200個（50％）
当月投入　　　600
　合　計　　　800個
正常仕損　　　 10
月末仕掛品　　150　（40％）
完 成 品　　　640個

（　）内の数値は加工進捗度を示す。
原料は工程の始点で投入している。

2．原価データ

	原 料 費	加 工 費
月初仕掛品	37,200円	13,410円
当月投入	116,400円	77,470円

3．仕損（すべて正常仕損）は工程の終点で発生しているため、正常仕損費は完成品のみに負担させる。正常仕損品に評価額はない。

問2 仕損・減損の処理（両者負担－Ⅰ） 解答用紙あり

次の資料にもとづいて、平均法により、①月末仕掛品原価、②完成品総合原価、③完成品単位原価を計算しなさい。

［資　料］

1．生産データ

月初仕掛品	100個	（20%）
当月投入	610	
合　計	710個	
正常仕損	10	
月末仕掛品	200	（30%）
完成品	500個	

（　）内の数値は加工進捗度を示す。

原料は工程の始点で投入している。

2．原価データ

	原 料 費	加 工 費
月初仕掛品	24,300円	14,700円
当月投入	154,200円	321,300円

3．仕損（すべて正常仕損）は工程の始点で発生しているため、正常仕損費は完成品と月末仕掛品の両者に負担させる。正常仕損品に評価額はない。

問3 仕損・減損の処理（両者負担－Ⅱ） 解答用紙あり

次の資料にもとづいて、先入先出法により、①月末仕掛品原価、②完成品総合原価、③完成品単位原価を計算しなさい。

［資　料］

1．生産データ

月初仕掛品	300個	（40％）
当月投入	600	
合　計	900個	
正常仕損	20	
月末仕掛品	200	（50％）
完成品	680個	

（　）内の数値は加工進捗度を示す。
原料は工程の始点で投入している。

2．原価データ

	原　料　費	加　工　費
月初仕掛品	70,640円	20,240円
当月投入	139,200円	118,800円

3．仕損（すべて正常仕損）は工程の始点で発生しているため、正常仕損費は完成品と月末仕掛品の両者に負担させる。正常仕損品に評価額はない。

問4 仕損・減損の処理（仕損品に評価額がある場合－Ⅰ） 解答用紙あり

次の資料にもとづいて、平均法により、①月末仕掛品原価、②完成品総合原価、③完成品単位原価を計算しなさい。

［資 料］

1．生産データ

月初仕掛品	200個	（80％）
当月投入	820	
合 計	1,020個	
正常仕損	20	
月末仕掛品	400	（60％）
完 成 品	600個	

2．原価データ

	原 料 費	加 工 費
月初仕掛品	37,640円	39,800円
当月投入	145,960円	166,600円

（ ）内の数値は加工進捗度を示す。

原料は工程の始点で投入している。

3．仕損（すべて正常仕損）は工程の終点で発生しているため、正常仕損費は完成品のみに負担させる。なお、正常仕損品の評価額は@30円である。

171

問5 仕損・減損の処理（仕損品に評価額がある場合－Ⅱ） 解答用紙あり

次の資料にもとづいて、平均法により、①月末仕掛品原価、②完成品総合原価、③完成品単位原価を計算しなさい。

［資 料］

1．生産データ

月初仕掛品 300個（50％）
当月投入 910
合 計 1,210個
正常仕損 10
月末仕掛品 200 （60％）
完 成 品 1,000個

（ ）内の数値は加工進捗度を示す。

原料は工程の始点で投入している。

2．原価データ

	原 料 費	加 工 費
月初仕掛品	52,600円	39,440円
当 月 投 入	127,400円	240,560円

3．仕損（すべて正常仕損）は工程の始点で発生しているため、正常仕損費の処理は完成品と月末仕掛品の両者に負担させる。なお、正常仕損品の評価額は@120円であり、これは主に原料の価値なので、当月投入の原料費より控除する。

172

問6 材料の追加投入 解答用紙あり

　次の資料にもとづいて、平均法により、①月末仕掛品原価、②完成品総合原価、③完成品単位原価を計算しなさい。なお、A原料は工程の始点で、B原料は工程の終点で、C原料は工程を通じて平均的に投入している。

［資　料］

1．生産データ

月初仕掛品	100個	（40％）
当月投入	800	
合　計	900個	
月末仕掛品	200	（20％）
完成品	700個	

（　　）内の数値は加工進捗度を示す。

2．原価データ

	A原料費	B原料費	C原料費	加工費
月初仕掛品	34,000円	－円	9,400円	18,100円
当月投入	236,000円	70,000円	138,600円	277,900円

問7　総合問題　解答用紙あり

　当工場は2つの工程を経て製品乙を連続生産しており、累加法による工程別総合原価計算を行っている。次の資料にもとづいて、解答用紙の仕掛品勘定を完成させなさい。なお、第1工程、第2工程ともに平均法によって計算すること。

［資　料］

1．生産データ

	第1工程		第2工程	
月初仕掛品	500個	(40%)	300個	(20%)
当月投入	2,600		2,800	
合　計	3,100個		3,100個	
正常仕損	100		－	
月末仕掛品	200	(50%)	100	(60%)
完成品	2,800個		3,000個	

　（　　）内の数値は加工進捗度を示す。

2．第1工程の終点で仕損（すべて正常仕損）が発生している。正常仕損費は完成品のみに負担させる。なお、正常仕損品の評価額は0円である。

3．A原料は第1工程の始点で投入し、B原料は第2工程の50%の時点で投入する。

174

解答

問1 仕損・減損の処理（完成品のみ負担）

① 月末仕掛品原価　　36,480円

② 完成品総合原価　　208,000円

③ 完成品単位原価　@　325円

〈解説〉

原　料　費	
仕　掛　品　(平均法)	
月初 200個 37,200円	完成 640個 124,800円
当月 600個 116,400円	仕損 10個
	月末 150個 28,800円

加　工　費	
仕　掛　品　(平均法)	
月初 100個*1 13,410円	完成 640個 83,200円
当月 610個*4 77,470円	仕損 10個*2
	月末 60個*3 7,680円

平均単価：$\dfrac{37,200円+116,400円}{640個+10個+150個}$
　　　　　＝@192円

月末仕掛品：@192円×150個
　　　　　＝28,800円

完　成　品：@192円×(640個+10個)
　　　　　＝124,800円

＊1　200個×50％＝100個
＊2　10個×100％＝10個
＊3　150個×40％＝60個
＊4　640個+10個+60個−100個＝610個

平均単価：$\dfrac{13,410円+77,470円}{640個+10個+60個}$
　　　　　＝@128円

月末仕掛品：@128円×60個＝7,680円

完　成　品：@128円×(640個+10個)
　　　　　＝83,200円

月末仕掛品原価：28,800円＋7,680円＝36,480円
完成品総合原価：124,800円＋83,200円＝208,000円
完成品単位原価：208,000円÷640個＝@325円

問2 仕損・減損の処理（両者負担－Ⅰ）

① 月末仕掛品原価　　87,000円

② 完成品総合原価　　427,500円

③ 完成品単位原価　@　855円

〈解説〉

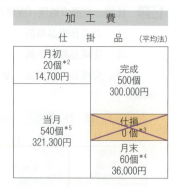

* 1　500個 + 200個 − 100個 = 600個

$$平均単価：\frac{24{,}300円 + 154{,}200円}{500個 + 200個}$$
　　　　　= @255円
月末仕掛品：@255円 × 200個 = 51,000円
完　成　品：@255円 × 500個
　　　　　= 127,500円

* 2　100個 × 20% = 20個
* 3　10個 × 0% = 0個
* 4　200個 × 30% = 60個
* 5　500個 + 60個 − 20個 = 540個

$$平均単価：\frac{14{,}700円 + 321{,}300円}{500個 + 60個}$$
　　　　　= @600円
月末仕掛品：@600円 × 60個 = 36,000円
完　成　品：@600円 × 500個
　　　　　= 300,000円

月末仕掛品原価：51,000円 + 36,000円 = 87,000円
完成品総合原価：127,500円 + 300,000円 = 427,500円
完成品単位原価：427,500円 ÷ 500個 = @855円

問3　仕損・減損の処理（両者負担−Ⅱ）

① 月末仕掛品原価　　　66,000円
② 完成品総合原価　　　282,880円
③ 完成品単位原価　@　　416円

〈解説〉

原 料 費	加 工 費
仕 掛 品（先入先出法）	仕 掛 品（先入先出法）
月初 300個 70,640円 / 完成 680個 161,840円 / 当月 580個*1 139,200円 / 仕損 20個 / 月末 200個 48,000円	月初 120個*2 20,240円 / 完成 680個 121,040円 / 当月 660個*5 118,800円 / 仕損 0個*3 / 月末 100個*4 18,000円

* 1　680個 + 200個 − 300個 = 580個

月末仕掛品：$\dfrac{139{,}200円}{580個} \times 200個$
　　　　　 = 48,000円
完　成　品：70,640円 + 139,200円
　　　　　 − 48,000円 = 161,840円

* 2　300個 × 40% = 120個
* 3　20個 × 0% = 0個
* 4　200個 × 50% = 100個
* 5　680個 + 100個 − 120個 = 660個

月末仕掛品：$\dfrac{118{,}800円}{660個} \times 100個$
　　　　　 = 18,000円
完　成　品：20,240円 + 118,800円
　　　　　 − 18,000円 = 121,040円

月末仕掛品原価：48,000円 + 18,000円 = 66,000円
完成品総合原価：161,840円 + 121,040円 = 282,880円
完成品単位原価：282,880円 ÷ 680個 = @416円

問4　仕損・減損の処理（仕損品に評価額がある場合−Ⅰ）

① 月末仕掛品原価　　129,600円
② 完成品総合原価　　259,800円
③ 完成品単位原価　@　433円

〈解説〉
　完成品のみ負担で、正常仕損品に評価額がある場合は、完成品総合原価を計算したあと、完成品総合原価から正常仕損品の評価額を差し引きます。

原 料 費

仕　掛　品　(平均法)

月初 200個 37,640円	完成 600個 111,600円
当月 820個 145,960円	仕損 20個
	月末 400個 72,000円

$$平均単価：\frac{37,640円+145,960円}{600個+20個+400個}$$
$$=@180円$$
月末仕掛品：@180円×400個＝72,000円
完　成　品：@180円×(600個+20個)
　　　　　　　＝111,600円

加 工 費

仕　掛　品　(平均法)

月初 160個*1 39,800円	完成 600個 148,800円
当月 700個*4 166,600円	仕損 20個*2
	月末 240個*3 57,600円

＊1　200個×80％＝160個
＊2　20個×100％＝20個
＊3　400個×60％＝240個
＊4　600個+20個+240個−160個
　　　＝700個

$$平均単価：\frac{39,800円+166,600円}{600個+20個+240個}$$
$$=@240円$$
月末仕掛品：@240円×240個＝57,600円
完　成　品：@240円×(600個+20個)
　　　　　　　＝148,800円

月末仕掛品原価：72,000円+57,600円＝129,600円
完成品総合原価：111,600円+148,800円−@30円×20個＝259,800円
　　　　　　　　　　　　　　　　　　　　仕損品の評価額
完成品単位原価：259,800円÷600個＝@433円

問5　仕損・減損の処理（仕損品に評価額がある場合−Ⅱ）

① 月末仕掛品原価　　　59,800円

② 完成品総合原価　　　399,000円

③ 完成品単位原価　＠　399円

〈解説〉
　両者負担で、正常仕損品に評価額がある場合は当月製造費用から正常仕損品の
評価額を差し引いたあと、完成品総合原価および月末仕掛品原価を計算します。

178

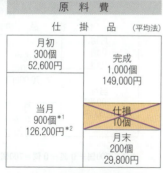

```
*1  1,000個 + 200個 − 300個 = 900個
*2  127,400円 − @120円 × 10個
              仕損品の評価額
    = 126,200円
```

```
*3  300個 × 50% = 150個
*4  10個 × 0% = 0個
*5  200個 × 60% = 120個
*6  1,000個 + 120個 − 150個 = 970個
```

平均単価：$\dfrac{52,600円 + 126,200円}{1,000個 + 200個}$
　　　　　= @149円
月末仕掛品：@149円 × 200個 = 29,800円
完　成　品：@149円 × 1,000個 = 149,000円

平均単価：$\dfrac{39,440円 + 240,560円}{1,000個 + 120個}$
　　　　　= @250円
月末仕掛品：@250円 × 120個 = 30,000円
完　成　品：@250円 × 1,000個 = 250,000円

> 月末仕掛品原価：29,800円 + 30,000円 = 59,800円
> 完成品総合原価：149,000円 + 250,000円 = 399,000円
> 完成品単位原価：399,000円 ÷ 1,000個 = @399円

問6　材料の追加投入

① 月末仕掛品原価　　　84,000円
② 完成品総合原価　　　700,000円
③ 完成品単位原価　　@　1,000円

〈解説〉
　B原料は工程の終点で投入しているので、当月投入B原料費はすべて完成品原価となります。また、C原料は工程を通じて平均的に投入しているので、C原料費の計算は完成品換算量を用いて行います。

A 原料費

仕 掛 品 (平均法)

月初 100個 34,000円	完成 700個 210,000円
当月 800個 236,000円	月末 200個 60,000円

平 均 単 価： $\dfrac{34,000円 + 236,000円}{700個 + 200個}$
　　　　　 ＝＠300円
月末仕掛品：＠300円×200個
　　　　　 ＝60,000円
完 成 品：＠300円×700個
　　　　　 ＝210,000円

B 原料費

仕 掛 品 (平均法)

月初 0個 0円	完成 700個 70,000円
当月 700個[*1] 70,000円	月末 0個 0円

＊1　700個＋0個－0個＝700個

月末仕掛品：0円
完 成 品：70,000円

C 原料費

仕 掛 品 (平均法)

月初 40個[*2] 9,400円	完成 700個 140,000円
当月 700個[*4] 138,600円	月末 40個[*3] 8,000円

＊2　100個×40％＝40個
＊3　200個×20％＝40個
＊4　700個＋40個－40個＝700個

平 均 単 価： $\dfrac{9,400円 + 138,600円}{700個 + 40個}$
　　　　　 ＝＠200円
月末仕掛品：＠200円×40個
　　　　　 ＝8,000円
完 成 品：＠200円×700個
　　　　　 ＝140,000円

加 工 費

仕 掛 品 (平均法)

月初 40個[*2] 18,100円	完成 700個 280,000円
当月 700個[*4] 277,900円	月末 40個[*3] 16,000円

平 均 単 価： $\dfrac{18,100円 + 277,900円}{700個 + 40個}$
　　　　　 ＝＠400円
月末仕掛品：＠400円×40個
　　　　　 ＝16,000円
完 成 品：＠400円×700個
　　　　　 ＝280,000円

月末仕掛品原価：60,000円＋ 0 円＋8,000円＋16,000円＝84,000円
完成品総合原価：210,000円＋70,000円＋140,000円＋280,000円＝700,000円
完成品単位原価：700,000円÷700個＝＠1,000円

問7 総合問題

仕掛品 – 第1工程

月初有高：		第1工程完了品：	
A 原 料 費	75,200	A 原 料 費	(406,000)
加 工 費	42,000	加 工 費	(568,400)
当月投入：		月末有高：	
A 原 料 費	358,800	A 原 料 費	(28,000)
加 工 費	546,000	加 工 費	(19,600)
	1,022,000		1,022,000

仕掛品 – 第2工程

月初有高：		第2工程完成品：	
前 工 程 費	110,600	前 工 程 費	(1,050,000)
B 原 料 費	–	B 原 料 費	(600,000)
加 工 費	21,000	加 工 費	(750,000)
当月投入：		月末有高：	
前 工 程 費	(974,400)	前 工 程 費	(35,000)
B 原 料 費	620,000	B 原 料 費	(20,000)
加 工 費	744,000	加 工 費	(15,000)
	(2,470,000)		(2,470,000)

〈解説〉

1．第1工程の計算

A 原 料 費		加 工 費	
第1工程仕掛品 （平均法）		第1工程仕掛品 （平均法）	

A 原料費（第1工程仕掛品／平均法）

月初 500個 75,200円	完成 2,800個 406,000円
当月 2,600個 358,800円	仕損 100個
	月末 200個 28,000円

加工費（第1工程仕掛品／平均法）

月初 200個[*1] 42,000円	完成 2,800個 568,400円
当月 2,800個[*4] 546,000円	仕損 100個[*2]
	月末 100個[*3] 19,600円

$$平均単価：\frac{75,200円＋358,800円}{2,800個＋100個＋200個}$$
$$＝@140円$$

月末仕掛品：@140円×200個＝28,000円

完　成　品：@140円×(2,800個＋100個)
　　　　　　　＝406,000円

＊1　500個×40％＝200個
＊2　100個×100％＝100個
＊3　200個×50％＝100個
＊4　2,800個＋100個＋100個－200個
　　　＝2,800個

$$平均単価：\frac{42,000円＋546,000円}{2,800個＋100個＋100個}$$
$$＝@196円$$

月末仕掛品：@196円×100個＝19,600円

完　成　品：@196円×(2,800個＋100個)
　　　　　　　＝568,400円

完成品総合原価：406,000円＋568,400円＝974,400円
　　　　　　　　　　　　　　　　→第2工程の当月投入前工程費

2．第2工程の計算

　B原料は第2工程の50％の時点で投入しているので、加工進捗度が20％の月初仕掛品にはB原料は含まれていませんが、加工進捗度が60％の月末仕掛品にはB原料が含まれています。したがって、当月投入B原料費を完成品と月末仕掛品で按分します。

前 工 程 費

第2工程仕掛品 （平均法）

月初 300個 110,600円	完成 3,000個 1,050,000円
当月 2,800個 974,400円＊1	月末 100個 35,000円

＊1　第1工程完成品総合原価

$$平均単価：\frac{110,600円＋974,400円}{3,000個＋100個}$$
$$＝@350円$$

月末仕掛品：@350円×100個
　　　　　　　＝35,000円

完　成　品：@350円×3,000個
　　　　　　　＝1,050,000円

B 原 料 費

第2工程仕掛品 （平均法）

月初 0個 0円	完成 3,000個 600,000円
当月 3,100個＊2 620,000円	月末 100個 20,000円

＊2　3,000個＋100個＝3,100個

$$平均単価：\frac{620,000円}{3,000個＋100個}＝@200円$$

月末仕掛品：@200円×100個＝20,000円

完　成　品：@200円×3,000個
　　　　　　　＝600,000円

加 工 費		
第2工程仕掛品		（平均法）
月初 60個*3 21,000円	完成 3,000個 750,000円	
当月 3,000個*5 744,000円	月末 60個*4 15,000円	

＊3　300個×20％＝60個

＊4　100個×60％＝60個

＊5　3,000個＋60個－60個＝3,000個

$$平 均 単 価 : \frac{21,000円+744,000円}{3,000個+60個}$$
$$=@250円$$

月末仕掛品：@250円×60個＝15,000円

完 成 品：@250円×3,000個＝750,000円

CHAPTER 10
工業簿記における財務諸表

◆原価差異のプラス・マイナスに注目！

　ここでは工業簿記における財務諸表についてみていきます。
　商業簿記でみてきた損益計算書と貸借対照表のほか、製造業を営む会社では製造原価報告書という財務諸表も作成します。
　製造原価報告書の形式は2種類あるので、どこが違うのかをしっかり理解するようにしてください。また、原価差異の調整の仕方についても注目してください。

その他のテーマ

工業簿記における財務諸表
CHAPTER 10
財務諸表を作成する

本社工場会計
CHAPTER 11
本社会計から工場会計を独立させた場合の記帳

標準原価計算
CHAPTER 12
原価のムダをみつけ、改善するための原価計算

直接原価計算
CHAPTER 13
次期の予算を立てるさいに役立つ原価計算

1 工業簿記における財務諸表

製造業を営む会社が作成する財務諸表には、商業簿記で学習した**損益計算書**と**貸借対照表**のほか、**製造原価報告書**があります。

製造原価報告書とは、製品原価の計算結果をまとめた財務諸表で、主に仕掛品勘定の内容が記載されます。

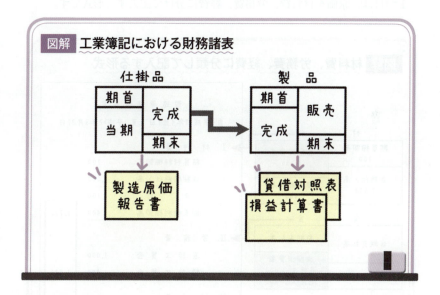

図解　工業簿記における財務諸表

2 製造原価報告書の作成

製造原価報告書の形式には、下記の２種類があります。

I 材料費、労務費、経費に分類して記入する形式

1つ目は、原価を材料費、労務費、経費に分けて記入する形式です。

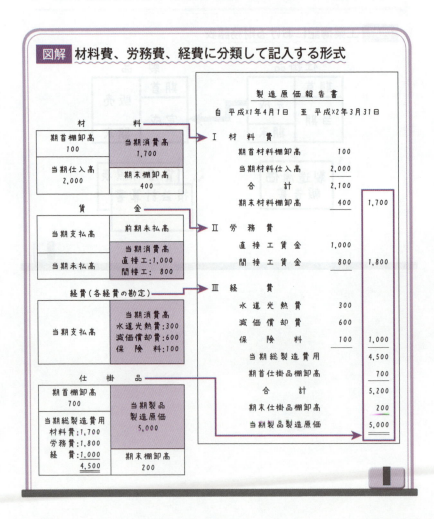

Ⅱ 製造直接費と製造間接費に分類して記入する形式

2つ目は、原価を製造直接費（直接材料費、直接労務費、直接経費）と製造間接費に分けて記入する形式です。

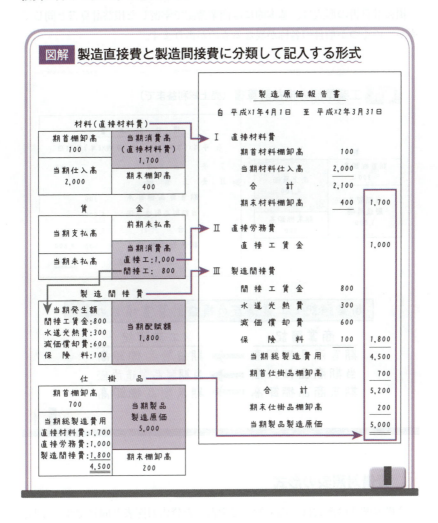

図解 製造直接費と製造間接費に分類して記入する形式

3 損益計算書と貸借対照表の作成

I 損益計算書の形式

損益計算書の形式は、基本的には商業簿記で学習した損益計算書と同じですが、いくつか項目の名称が異なるものがあります。

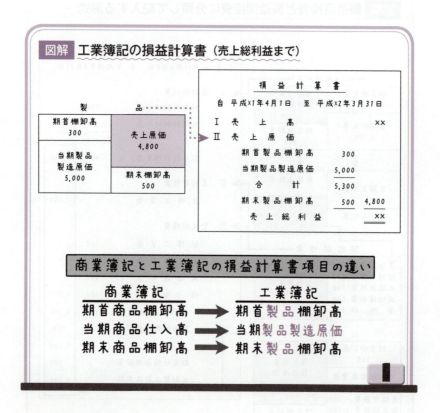

II 貸借対照表の形式

貸借対照表の形式は、商業簿記で学習した貸借対照表と同じです。なお、工業簿記では材料、仕掛品、製品といった資産も期末に残っているので、これらの勘定科目は資産の部に記入します。

| 図解 | 工業簿記の貸借対照表（一部） |

貸 借 対 照 表

平成x2年3月31日

資 産 の 部			
⋮			
製　　　品	500		
材　　　料	400		
仕　掛　品	200		

4 原価差異の表示

I 製造原価報告書の表示

　製造間接費を予定配賦している場合、仕掛品勘定には予定配賦額で計上します。しかし、製造原価報告書には実際発生額で記入していくため、そのままだと仕掛品勘定の金額と異なってしまいます。そこで、最後に実際発生額が予定配賦額になるように原価差異（製造間接費配賦差異）を調整します。

　具体的には、原価差異が不利差異（借方差異）の場合には、実際発生額から減算し、原価差異が有利差異（貸方差異）の場合には、実際発生額に加算します。

189

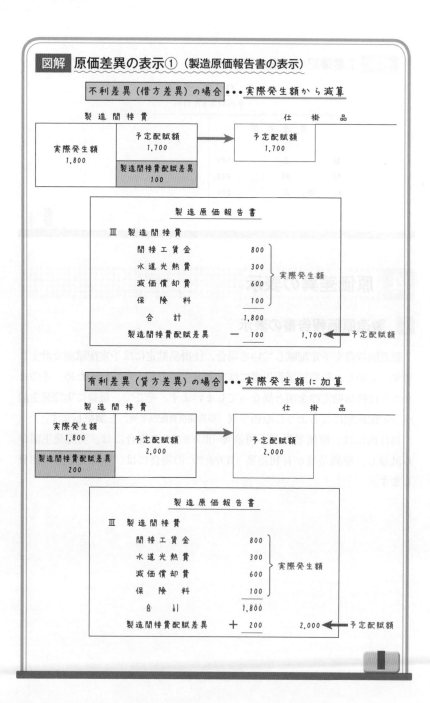

II 損益計算書の表示

原価差異（製造間接費配賦差異など）が発生した場合は、不利差異（借方差異）の場合には売上原価に加算し、有利差異（貸方差異）の場合には売上原価から減算します。

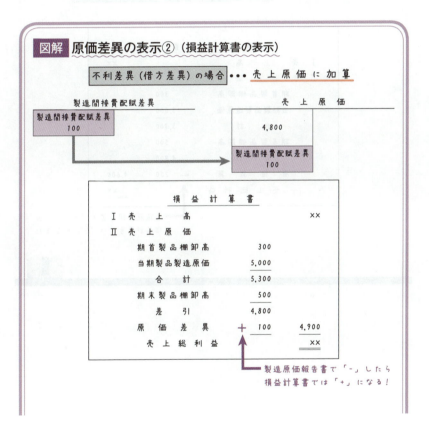

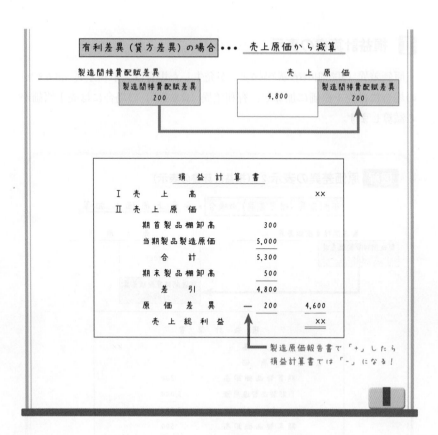

CHAPTER 10 工業簿記における財務諸表 基本問題

問1 製造原価報告書の作成 [解答用紙あり]

次の資料にもとづいて、解答用紙の製造原価報告書を完成させなさい。なお、製造間接費は直接労務費の150%を予定配賦している。

[資 料]

1. 棚卸資産有高

	期首有高	期末有高
主 要 材 料	50,000円	60,000円
補 助 材 料	20,000円	10,000円
仕 掛 品	65,000円	80,000円

2. 材料当期仕入高
   主 要 材 料　900,000円
   補 助 材 料　200,000円

3. 賃金・給料未払額

	期首未払額	期末未払額
直 接 工 賃 金	30,000円	20,000円
間 接 工 賃 金	24,000円	14,000円
給　　　料	6,000円	8,000円

4. 賃金・給料当期支払額
   直 接 工 賃 金　560,000円
   間 接 工 賃 金　350,000円
   給　　　料　220,000円

5. 当期経費
   水 道 光 熱 費　12,000円
   減 価 償 却 費　54,000円
   保 険 料　25,000円

6. その他
   (1) 主要材料費はすべて直接材料費である。
   (2) 直接工賃金はすべて直接労務費である。

問2 製造原価報告書と損益計算書の作成 解答用紙あり

次の資料にもとづいて、解答用紙の製造原価報告書と損益計算書を完成させなさい。なお、製造間接費は直接労務費の180％を予定配賦している。

[資　料]

1．棚卸資産有高

	期首有高	期末有高
原　　　料	80,000円	70,000円
補 助 材 料	50,000円	40,000円
仕 掛 品	100,000円	80,000円
製　　　品	75,000円	55,000円

2．材料当期仕入高

原　　　料	1,500,000円
補 助 材 料	600,000円

3．賃金・給料未払額

	期首未払額	期末未払額
直 接 工 賃 金	120,000円	140,000円
間 接 工 賃 金	60,000円	66,000円
給　　　料	35,000円	40,000円

4．賃金・給料当期支払額

直 接 工 賃 金	1,520,000円
間 接 工 賃 金	750,000円
給　　　料	550,000円

5．当期経費

電 力 料	440,000円
減 価 償 却 費	300,000円
保 険 料	210,000円
租 税 公 課	100,000円

6．その他

(1) 原料費はすべて直接材料費である。

(2) 直接工賃金はすべて直接労務費である。

解答

CH 10 工業簿記における財務諸表

基本問題

問1 製造原価報告書の作成

製造原価報告書 (単位：円)

I 材 料 費				
主 要 材 料 費	(	890,000)		
補 助 材 料 費	(	210,000)	(	1,100,000)
II 労 務 費				
直 接 工 賃 金	(	550,000)		
間 接 工 賃 金	(	340,000)		
給 料	(	222,000)	(	1,112,000)
III 経 費				
水 道 光 熱 費	(	12,000)		
減 価 償 却 費	(	54,000)		
保 険 料	(	25,000)	(	91,000)
合 計			(	2,303,000)
製造間接費配賦差異		[−]	(	38,000)
当 期 総 製 造 費 用			(	2,265,000)
期首仕掛品棚卸高			(	65,000)
合 計			(	2,330,000)
期末仕掛品棚卸高			(	80,000)
当 期 製 品 製 造 原 価			(	2,250,000)

（注）[ ]には「+」または「−」を記入すること。

〈解説〉

1．材料費

(1) **主要材料費**

50,000円 + 900,000円 − 60,000円 = 890,000円

(2) **補助材料費**

20,000円 + 200,000円 − 10,000円 = 210,000円

2．労務費

(1) **直接工賃金**

560,000円 + 20,000円 − 30,000円 = 550,000円

(2) **間接工賃金**

350,000円 + 14,000円 − 24,000円 = 340,000円

(3) **給料**

220,000円 + 8,000円 − 6,000円 = 222,000円

195

3．製造間接費

(1) 実際発生額

210,000円＋340,000円＋222,000円＋12,000円＋54,000円＋25,000円
補助材料費　　間接工賃金　　給料　　水道光熱費　減価償却費　保険料

＝863,000円

(2) 予定配賦額

550,000円×150％＝825,000円
直接労務費

(3) 製造間接費配賦差異

825,000円－863,000円＝△38,000円（不利差異・借方差異）

※　不利差異なので、製造原価報告書では実際発生額から差し引きます。

問2　製造原価報告書と損益計算書の作成

製 造 原 価 報 告 書　　　　　　　　　（単位：円）

Ⅰ	直 接 材 料 費		
	期首原料棚卸高	（　80,000　）	
	当期原料仕入高	（　1,500,000　）	
	合　　計	（　1,580,000　）	
	期末原料棚卸高	（　70,000　）	（　1,510,000　）
Ⅱ	直 接 労 務 費		
	直 接 工 賃 金		（　1,540,000　）
Ⅲ	製 造 間 接 費		
	補 助 材 料 費	（　610,000　）	
	間 接 工 賃 金	（　756,000　）	
	給　　　　料	（　555,000　）	
	電 　力 　料	（　440,000　）	
	減 価 償 却 費	（　300,000　）	
	保 　険 　料	（　210,000　）	
	租 税 公 課	（　100,000　）	（　2,971,000　）
	合　　計		（　6,021,000　）
	製造間接費配賦差異	［－］（　199,000　）	
	当 期 総 製 造 費 用		（　5,822,000　）
	期首仕掛品棚卸高		（　100,000　）
	合　　計		（　5,922,000　）
	期末仕掛品棚卸高		（　80,000　）
	当 期 製 品 製 造 原 価		（　5,842,000　）

損 益 計 算 書 （単位：円）

Ⅰ 売 上 高			7,876,000
Ⅱ 売 上 原 価			
期首製品棚卸高	（ 75,000 ）		
当期製品製造原価	（ 5,842,000 ）		
合 計	（ 5,917,000 ）		
期末製品棚卸高	（ 55,000 ）		
差 引	（ 5,862,000 ）		
原 価 差 異 ［＋］（ 199,000 ）		（ 6,061,000 ）	
売 上 総 利 益		（ 1,815,000 ）	
Ⅲ 販売費および一般管理費		1,290,000	
営 業 利 益		（ 525,000 ）	

（注）［　］には「＋」または「－」を記入すること。

〈解説〉

1．直接材料費（原料費）

80,000円＋1,500,000円－70,000円＝1,510,000円

2．直接労務費（直接工賃金）

1,520,000円＋140,000円－120,000円＝1,540,000円

3．製造間接費実際発生額

補助材料費：50,000円＋600,000円－40,000円＝	610,000円
間接工賃金：750,000円＋66,000円－60,000円＝	756,000円
給 料：550,000円＋40,000円－35,000円＝	555,000円
電 力 料：	440,000円
減価償却費：	300,000円
保 険 料：	210,000円
租 税 公 課：	100,000円
合 計：	2,971,000円

4．製造間接費予定配賦額

1,540,000円×180％＝2,772,000円
　　　直接労務費

5．製造間接費配賦差異

2,772,000円－2,971,000円＝△199,000円（不利差異・借方差異）

※　不利差異なので、製造原価報告書では実際発生額から差し引き、損益計算書では売上原価に加算します。

CHAPTER 11

本社工場会計

◆試験では工場側の仕訳が問われる！

　ここでは、本社工場会計についてみていきます。
　取引の仕訳から本社および工場の仕訳をどのように行うのかをしっかり確認してください。試験では、工場の仕訳を答える問題が出題されています。

その他のテーマ

- 財務諸表を作成する
  工業簿記における財務諸表
  CHAPTER 10

- 本社会計から工場会計を独立させた場合の記帳
  本社工場会計
  CHAPTER 11

- 原価のムダをみつけ、改善するための原価計算
  標準原価計算
  CHAPTER 12

- 次期の予算を立てるさいに役立つ原価計算
  直接原価計算
  CHAPTER 13

1 工場会計の独立

I 工場会計の独立

　企業規模が大きくなると、工場の会計を本社の会計から独立させて、工場にも帳簿を設置することがあります。

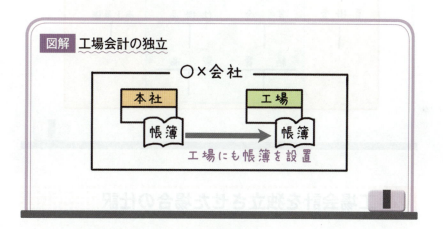

図解 工場会計の独立

II 工場の帳簿に設けられる諸勘定

　工場会計を独立させた場合、工場では製品の製造に関する取引を記録します。そのため、本社の帳簿から製品の製造に関する勘定を抜き出し、それを工場の帳簿に設置します。

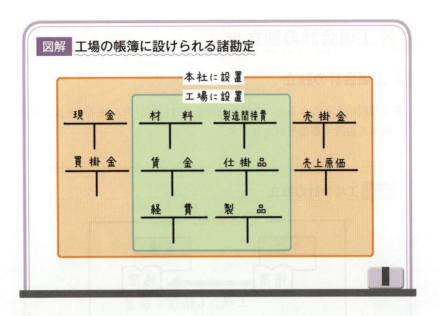

2 工場会計を独立させた場合の仕訳

I 工場勘定と本社勘定

　工場会計を独立させた場合、本社と工場にまたがる取引は、本社側では**工場勘定**（または**工場元帳勘定**）を、工場側では**本社勘定**（または**本社元帳勘定**）を用いて処理します。

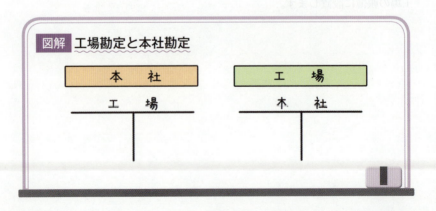

Ⅱ 工場会計を独立させた場合の仕訳

　工場会計を独立させた場合の本社および工場の仕訳は、次の要領で行います。

図解　工場会計を独立させた場合の仕訳

たとえば、「本社は材料1,000円を掛けで購入し、工場の材料倉庫に受け入れた」という取引の場合
〔工場の勘定：材料、製造間接費、仕掛品、本社〕

↓

① 取引の仕訳をする
　　　（材　　料）1,000　（買　掛　金）1,000

↓

② 工場に設置された勘定をみて、①の仕訳を本社の仕訳と工場の仕訳に分解する
　　材　料…工場に設置された勘定 → 工場の仕訳
　　買掛金…工場に設置された勘定ではない → 本社の仕訳

　　本社：（　　　　）1,000　（買　掛　金）1,000
　　工場：（材　　料）1,000　（　　　　　）1,000

↓

③ 本社および工場の仕訳で空欄が生じたら、本社側では「工場」、工場側では「本社」で処理する

　　本社：（工　　場）1,000　（買　掛　金）1,000
　　工場：（材　　料）1,000　（本　　社）1,000

　　　　↖ 解答の仕訳

いくつかの具体例を使って、本社および工場の仕訳をしてみましょう。

▶ 例1 ───────────────────────────── 材料の購入

本社は材料1,000円を掛けで購入し、工場の材料倉庫に受け入れた。

[本社の勘定：売掛金、買掛金、売上、売上原価、工場]

[工場の勘定：材料、賃金、製造間接費、仕掛品、製品、本社]

例1の仕訳　本社：(**工　　　場**)　1,000　(**買　掛　金**)　1,000

　　　　　工場：(**材　　　料**)　1,000　(**本　　　社**)　1,000

〈解説〉

図解の解説を参照してください。

▶ 例2 ───────────────────────────── 材料の消費

工場で材料800円（直接材料600円、間接材料200円）を消費した。

[本社の勘定：売掛金、買掛金、売上、売上原価、工場]

[工場の勘定：材料、賃金、製造間接費、仕掛品、製品、本社]

例2の仕訳　本社：　　　　　　　　　　　**仕訳なし**

　　　　　工場：(**仕　掛　品**)　600　(**材　　　料**)　800

　　　　　　　　(**製造間接費**)　200

〈解説〉

①取引の仕訳：(仕　掛　品)　600　(材　　　料)　800
　　　　　　　　工場の勘定　　　　　　工場の勘定

　　　　　　　(製造間接費)　200
　　　　　　　　工場の勘定

⬇

②仕訳の分解　本社：(　　　　　)　　　(　　　　　)

　　　　　　　工場：(仕　掛　品)　600　(材　　　料)　800

　　　　　　　　　　(製造間接費)　200

⬇

③解答の仕訳　本社：　　　　　　　　仕訳なし

　　　　　　　工場：(仕　掛　品)　000　(材　　　料)　800

　　　　　　　　　　(製造間接費)　200

例3 ————————————————————— 製品の完成

工場で製品1,200円が完成し、倉庫に納入した。
[本社の勘定：売掛金、買掛金、売上、売上原価、工場]
[工場の勘定：材料、賃金、製造間接費、仕掛品、製品、本社]

例3の仕訳	本社：			仕訳なし		
	工場：（製　　　品）	1,200	（仕　掛　品）	1,200		

〈解説〉

①取引の仕訳：（製　　　品） 1,200 （仕　掛　品） 1,200
　　　　　　　　　工場の勘定　　　　　　　　　工場の勘定

⬇

②仕訳の分解　本社：（　　　　　）　　　（　　　　　）
　　　　　　　工場：（製　　　品） 1,200 （仕　掛　品） 1,200

⬇

③解答の仕訳　本社：　　　　　　　　仕訳なし
　　　　　　　工場：（製　　　品） 1,200 （仕　掛　品） 1,200

例4 ————————————————————— 製品の販売

本社は製品（原価1,200円）を1,500円で販売し、代金は掛けとした。
[本社の勘定：売掛金、買掛金、売上、売上原価、工場]
[工場の勘定：材料、賃金、製造間接費、仕掛品、製品、本社]

例4の仕訳	本社：（売 上 原 価）	1,200	（工　　　場）	1,200
	（売　掛　金）	1,500	（売　　　上）	1,500
	工場：（本　　　社）	1,200	（製　　　品）	1,200

〈解説〉

①取引の仕訳：（売上原価） 1,200 （製　　　品） 1,200
　　　　　　　本社の勘定　　　　　　　工場の勘定

　　　　　　　（売　掛　金） 1,500 （売　　　上） 1,500
　　　　　　　本社の勘定　　　　　　　本社の勘定

⬇

②仕訳の分解　本社：（売上原価） 1,200 （　　　　　） 1,200
　　　　　　　　　　（売　掛　金） 1,500 （売　　上） 1,500
　　　　　　　工場：（　　　　） 1,200 （製　　品） 1,200

⬇

③解答の仕訳　本社：（売上原価） 1,200 （工　　場） 1,200
　　　　　　　　　　（売　掛　金） 1,500 （売　　上） 1,500
　　　　　　　工場：（本　　社） 1,200 （製　　品） 1,200

CHAPTER 11 　本社工場会計　基本問題

　当社は本社会計から工場会計を独立させている。次の各取引について、工場で行われる仕訳をしなさい。なお、勘定科目は［　　］内に示すものの中から選ぶこと。

［工場の勘定：材料、仕掛品、製品、賃金・給料、製造間接費、本社］

1. 本社が掛けで購入した材料500,000円を工場の倉庫に受け入れた。
2. 工場の従業員に賃金200,000円と給料100,000円が支給された。
3. 工場で直接材料300,000円と間接材料150,000円を消費した。
4. 工場で直接労務費120,000円と間接労務費80,000円を消費した。
5. 工場の建物減価償却費30,000円（1カ月分）を計上する。
6. 製造間接費について、直接労務費の150％を各製造指図書に配賦した。
7. 当月に製品800,000円が完成した。
8. 完成品のうち、600,000円（製造原価）を本社の指示で得意先に送付した。
　なお、売価は700,000円である（掛け販売）。

204

解答

1.	（材　　　　料）	500,000	（本　　　　社）	500,000
2.	（賃 金 ・ 給 料）	300,000	（本　　　　社）	300,000
3.	（仕　掛　品）	300,000	（材　　　　料）	450,000
	（製 造 間 接 費）	150,000		
4.	（仕　掛　品）	120,000	（賃 金 ・ 給 料）	200,000
	（製 造 間 接 費）	80,000		
5.	（製 造 間 接 費）	30,000	（本　　　　社）	30,000
6.	（仕　掛　品）	180,000	（製 造 間 接 費）	180,000
7.	（製　　　　品）	800,000	（仕　掛　品）	800,000
8.	（本　　　　社）	600,000	（製　　　　品）	600,000

〈解説〉

1. 取引の仕訳：（材　　料）500,000　　（買　掛　金）500,000
　　　　　　　　　　工場の勘定

　　本社の仕訳：（工　　場）500,000　　（買　掛　金）500,000
　　工場の仕訳：（材　　料）500,000　　（本　　社）500,000

2. 取引の仕訳：（賃 金 ・ 給 料）300,000　（現 金 預 金）300,000
　　　　　　　　　　工場の勘定

　　本社の仕訳：（工　　場）300,000　　（現 金 預 金）300,000
　　工場の仕訳：（賃 金 ・ 給 料）300,000　（本　　社）300,000

3. 取引の仕訳：（仕　掛　品）300,000　　（材　　　料）450,000
　　　　　　　　　　工場の勘定　　　　　　　　　　工場の勘定

　　　　　　　　（製 造 間 接 費）150,000
　　　　　　　　　　工場の勘定

　　本社の仕訳：　　　　　　　　　　仕訳なし
　　工場の仕訳：（仕　掛　品）300,000　　（材　　　料）450,000
　　　　　　　　（製 造 間 接 費）150,000

4. 取引の仕訳：（仕　掛　品）120,000　　（賃 金 ・ 給 料）200,000
　　　　　　　　　　工場の勘定　　　　　　　　　　工場の勘定

　　　　　　　　（製 造 間 接 費）80,000
　　　　　　　　　　工場の勘定

　　本社の仕訳：　　　　　　　　　　仕訳なし
　　工場の仕訳：（仕　掛　品）120,000　　（賃 金 ・ 給 料）200,000
　　　　　　　　（製 造 間 接 費）80,000

5．取引の仕訳：（製 造 間 接 費）　30,000　　（減価償却累計額）　30,000
　　　　　　　　　工場の勘定
　　　　　　　　　　　　　　　　　　　↓
　　本社の仕訳：（工　　　　場）　30,000　　（減価償却累計額）　30,000
　　工場の仕訳：（製 造 間 接 費）　30,000　　（本　　　　社）　30,000

6．取引の仕訳：（仕　掛　品）　180,000　　（製 造 間 接 費）　180,000*
　　　　　　　　　工場の勘定　　　　　　　　　　　　　　　工場の勘定
　　　　　　　*　120,000円×150％＝180,000円
　　　　　　　　　直接労務費
　　　　　　　　　　　　　　　　　　　↓
　　本社の仕訳：　　　　　　　　　　仕訳なし
　　工場の仕訳：（仕　掛　品）　180,000　　（製 造 間 接 費）　180,000

7．取引の仕訳：（製　　　　品）　800,000　　（仕　掛　品）　800,000
　　　　　　　　　　工場の勘定　　　　　　　　　　　　工場の勘定
　　本社の仕訳：　　　　　　　　　　仕訳なし
　　工場の仕訳：（製　　　　品）　800,000　　（仕　掛　品）　800,000

8．取引の仕訳：（売 上 原 価）　600,000　　（製　　　　品）　600,000
　　　　　　　　　　　　　　　　　　　　　　　　　　　工場の勘定
　　　　　　　　（売　掛　金）　700,000　　（売　　　　上）　700,000
　　　　　　　　　　　　　　　　　　　↓
　　本社の仕訳：（売 上 原 価）　600,000　　（工　　　　場）　600,000
　　　　　　　　（売　掛　金）　700,000　　（売　　　　上）　700,000
　　工場の仕訳：（本　　　　社）　600,000　　（製　　　　品）　600,000

MEMO

CHAPTER 12

標準原価計算

◆「差異分析」といったら分析図を書く!

ここでは、標準原価計算についてみていきます。

これまでは実際原価を用いて製品の原価を計算しましたが、CHAPTER 12では標準原価を用いた場合の製品の原価の計算についてみていきます。

試験では、標準原価計算の差異分析の問題がよく出題されています。「差異分析」といったら下書用紙にサッと分析図が書けるように、練習しておきましょう。

その他のテーマ

工業簿記における財務諸表 CHAPTER 10
財務諸表を作成する

本社工場会計 CHAPTER 11
本社会計から工場会計を独立させた場合の記帳

標準原価計算 CHAPTER 12
原価のムダをみつけ、改善するための原価計算

直接原価計算 CHAPTER 13
次期の予算を立てるさいに役立つ原価計算

1 標準原価計算とは

Ⅰ 標準原価計算とは

これまで学習してきた原価計算は、実際に発生した原価（**実際原価**）をもとに製品の原価を計算する方法（**実際原価計算**）でした。

これからみていく標準原価計算は、あらかじめ目標となる原価（**標準原価**）を決め、標準原価をもとに製品の原価を計算する方法です。

Ⅱ 標準原価計算の目的

標準原価計算では、あらかじめ目標となる原価（**標準原価**）を決めますが、この標準原価は無駄や非効率を省いた場合の原価です。

ですから、標準原価と実際原価を比べ、その差異を比較することによって、無駄や非効率を改善することができるのです。

Ⅲ 標準原価計算の流れ

標準原価計算の流れは次ページのようになります。

図解 標準原価計算の流れ

① 原価標準の設定
製品1個あたりの標準原価（原価標準）を設定します。

② 標準原価の計算
原価標準にもとづいて、完成品原価や月末仕掛品原価を計算します。

③ 実際原価の計算
当月において実際にかかった直接材料費、直接労務費、製造間接費を計算します。

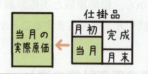

④ 原価差異の計算、分析
当月の実際原価と標準原価を比べて、原価差異を計算し、その原因を分析します。

⑤ 原価報告
原価差異の内容を経営管理者に報告し、必要に応じて原価の改善を行います。

2 原価標準の設定

Ⅰ 原価標準とは

原価標準とは、製品1個あたりの目標原価のことをいいます。

Ⅱ 原価標準の設定

原価標準は通常、直接材料費、直接労務費、製造間接費に分けて設定し、次のような標準原価カードにまとめられます。

	標準原価カード			
	標準単価		標準消費量	
標準直接材料費❶	@100円	×	5kg	= 500円
	標準賃率		標準直接作業時間	
標準直接労務費❷	@200円	×	3時間	= 600円
	標準配賦率		標準直接作業時間	
標準製造間接費❸	@300円	×	3時間	= 900円
			製品1個あたりの標準原価	2,000円

❶ 製品1個あたりの標準直接材料費は、標準単価に製品1個あたりの標準消費量（製品1個を無駄なく作ったときの直接材料費の消費量）を掛けて計算します。

> **標準直接材料費＝標準単価×標準消費量**

❷ 製品1個あたりの標準直接労務費は、標準賃率に製品1個あたりの標準直接作業時間（製品1個を無駄なく作ったときの直接作業時間）を掛けて計算します。

> **標準直接労務費＝標準賃率×標準直接作業時間**

❸ 製品1個あたりの標準製造間接費は、標準配賦率に製品1個あたりの標準操業度を掛けて計算します。標準操業度には、標準直接作業時間や標準機械作業時間などがあります（試験では、多くの場合、標準直接作業時間が用いられています）。

> **標準製造間接費＝標準配賦率×標準操業度**

3 標準原価の計算

I 完成品原価の計算

標準原価計算では、完成品原価は標準原価で計算します。

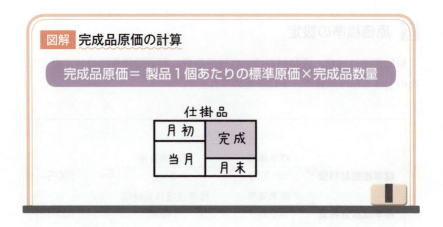

II 仕掛品原価の計算

標準原価計算では、月末仕掛品原価および月初仕掛品原価も標準原価で計算します。

なお、月末仕掛品および月初仕掛品の加工費（直接労務費と製造間接費）を計算するさいの数量は、完成品換算量（数量×加工進捗度）を用います。

| 図解 | 仕掛品原価の計算 |

標準直接材料費
＝製品1個あたりの標準直接材料費×仕掛品数量
標準直接労務費
＝製品1個あたりの標準直接労務費×完成品換算量
標準製造間接費
＝製品1個あたりの標準製造間接費×完成品換算量

月末仕掛品原価、月初仕掛品原価

 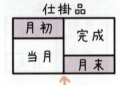

加工費の計算では、数量は完成品換算量を用いる!

Ⅲ 当月標準製造費用の計算

　当月標準製造費用は、当月投入量に対する標準原価です。したがって、加工費（直接労務費と製造間接費）を計算するさいの数量は、完成品換算量（数量×加工進捗度）を用います。
　この当月標準製造費用は、原価差異を計算するとき、実際原価と比較するために用いられます。

> **図解** 当月標準製造費用の計算
>
> 標準直接材料費
> ＝製品1個あたりの標準直接材料費×仕掛品数量
> 標準直接労務費
> ＝製品1個あたりの標準直接労務費×完成品換算量
> 標準製造間接費
> ＝製品1個あたりの標準製造間接費×完成品換算量
>
>
>
> 当月標準製造費用
>
>
>
> 　
>
> 加工費の計算では、数量は完成品換算量を用いる！

例 1　　　　　　　　　　　　　　　　　　　　　標準原価の計算

　次の資料にもとづき、完成品原価、月末仕掛品原価、月初仕掛品原価、当月標準製造費用を計算しなさい。なお、当社は標準原価計算を採用している。

［資　料］
(1) 生産データ

　　月初仕掛品　　20個（50％）
　　当月投入　　 130
　　　合　計　　 150個
　　月末仕掛品　　50　（60％）（　）内の数値は加工進捗度を示す。
　　完　成　品　 100個　　　　材料はすべて工程の始点で投入している。

(2) 標準原価カード

	標準原価カード			
	標準単価	標準消費量		
標準直接材料費	@100円 ×	5 kg	=	500円
	標準賃率	標準直接作業時間		
標準直接労務費	@200円 ×	3 時間	=	600円
	標準配賦率	標準直接作業時間		
標準製造間接費	@300円 ×	3 時間	=	900円
		製品1個あたりの標準原価		2,000円

例1の解答　　完 成 品 原 価：**200,000**円　　月末仕掛品原価：**70,000**円

月初仕掛品原価：**25,000**円　　当月標準製造費用：**245,000**円

〈解説〉

直接材料費

仕 掛 品	
月初 20個	完成 100個
当月 130個	月末 50個

加工費（直接労務費、製造間接費）

仕 掛 品	
月初 10個*1	完成 100個
当月 120個*3	月末 30個*2

＊1　20個×50％＝10個
＊2　50個×60％＝30個
＊3　100個＋30個−10個＝120個

完 成 品 原 価：@2,000円×100個＝200,000円
月末仕掛品原価：直接材料費　@500円× 50個＝　25,000円
　　　　　　　　直接労務費　@600円× 30個＝　18,000円
　　　　　　　　製造間接費　@900円× 30個＝　27,000円
　　　　　　　　合　　計　　　　　　　　　　　70,000円
月初仕掛品原価：直接材料費　@500円× 20個＝　10,000円
　　　　　　　　直接労務費　@600円× 10個＝　 6,000円
　　　　　　　　製造間接費　@900円× 10個＝　 9,000円
　　　　　　　　合　　計　　　　　　　　　　　25,000円
当月標準製造費用：直接材料費　@500円×130個＝　65,000円
　　　　　　　　直接労務費　@600円×120個＝　72,000円
　　　　　　　　製造間接費　@900円×120個＝108,000円
　　　　　　　　合　　計　　　　　　　　　　245,000円

4 原価差異の計算

I 原価差異の計算

原価差異は、当月投入量に対する標準原価（当月標準製造費用）と当月の実際原価（当月投入量に対する実際原価）の差額で計算します。

II 差異の判定の仕方

差異の種類が不利差異（借方差異）になるのか、有利差異（貸方差異）になるのかを判定するときには、標準原価から実際原価を差し引いて、その符号（＋、－）によって判定します。

<u>標準原価から実際原価を差し引いた値がマイナスになるときは</u>、目標値を超えて実際消費額が発生しているため、<u>不利差異（借方差異）</u>となります。

一方、<u>標準原価から実際原価を差し引いた値がプラスになるときは</u>、目標値よりも実際消費額が少ないため、<u>有利差異（貸方差異）</u>となります。

> **ひとこと**
> 差異の判定の仕方は、材料消費価格差異等のときと同様です。
> ♪Review CH.02 5

▶ 例2 ────────────────────── 原価差異の計算

次の資料にもとづき、直接材料費差異、直接労務費差異、製造間接費差異を計算しなさい。

［資　料］
(1) 生産データ
　月初仕掛品　　20個　（50％）
　当月投入　　 130
　　合　計　　 150個
　月末仕掛品　　50　（60％）　（　）内の数値は加工進捗度を示す。
　完 成 品　　 100個　　　　　材料はすべて工程の始点で投入している。

(2) 標準原価カード

標準原価カード

	標準単価	標準消費量		
標準直接材料費	@100円	×	5 kg	=	500円

	標準賃率	標準直接作業時間		
標準直接労務費	@200円	×	3 時間	=	600円

	標準配賦率	標準直接作業時間		
標準製造間接費	@300円	×	3 時間	=	900円

製品1個あたりの標準原価　2,000円

(3) 実際原価データ

直接材料費： 73,700円
直接労務費： 69,350円
製造間接費：117,500円

例2の解答　　直接材料費差異：**8,700**円（**不利差異・借方差異**）

直接労務費差異：**2,650**円（**有利差異・貸方差異**）

製造間接費差異：**9,500**円（**不利差異・借方差異**）

〈解説〉

直接材料費	
仕　掛　品	
月初 20個	完成 100個
当月 130個	月末 50個

加工費（直接労務費、製造間接費）	
仕　掛　品	
月初 10個*1	完成 100個
当月 120個*3	月末 30個*2

* 1　20個×50％＝10個
* 2　50個×60％＝30個
* 3　100個＋30個－10個＝120個

当月標準製造原価：直接材料費　@500円×130個＝　65,000円
　　　　　　　　　直接労務費　@600円×120個＝　72,000円
　　　　　　　　　製造間接費　@900円×120個＝108,000円
　　　　　　　　　合　計　　　　　　　　　　　　245,000円

直接材料費差異：　65,000円－　73,700円＝△8,700円（不利差異・借方差異）
直接労務費差異：　72,000円－　69,350円＝　2,650円（有利差異・貸方差異）
製造間接費差異：108,000円－117,500円＝△9,500円（不利差異・借方差異）

5 仕掛品勘定の記入方法

I 仕掛品勘定の記入方法

　標準原価計算では、完成品原価、月初仕掛品原価および月末仕掛品原価は標準原価で仕掛品勘定に記入します。
　しかし、当月製造費用（直接材料費、直接労務費、製造間接費）については、実際原価で記入する方法（**パーシャル・プラン**）と、標準原価で記入する方法（**シングル・プラン**）があります。

II パーシャル・プラン

　パーシャル・プランとは、仕掛品勘定の当月製造費用を実際原価で記入する方法をいいます。なお、パーシャル・プランによると、原価差異は仕掛品勘定で把握されます。

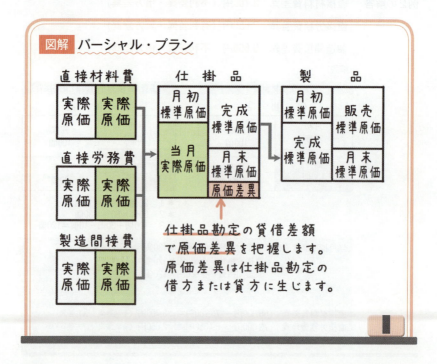

図解　パーシャル・プラン

> **ひとこと**
>
> パーシャル (partial) は、「一部」という意味です。仕掛品勘定の一部が実際原価で記入されるので、パーシャル・プランといいます。
> なお、試験では、通常、パーシャル・プランを前提として出題されます。

III シングル・プラン

シングル・プランとは、仕掛品勘定の当月製造費用を標準原価で記入する方法をいいます。なお、シングル・プランによると、原価差異は各原価要素別の勘定で把握されます。

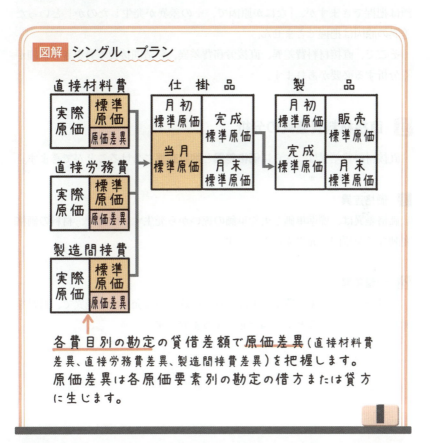

図解 シングル・プラン

各費目別の勘定の貸借差額で原価差異（直接材料費差異、直接労務費差異、製造間接費差異）を把握します。
原価差異は各原価要素別の勘定の借方または貸方に生じます。

ひとこと

シングル（single）は、「一つの」という意味です。仕掛品勘定に標準原価のみで記入するので、シングル・プランといいます。

6 原価差異の分析

I 原価差異の分析

4 では、当月投入の標準原価と実際原価から原価差異を計算しましたが、このままでは「直接材料費差異がいくら発生しているか」といった差異の総額は把握できますが、「なにが原因で、その差異が発生したのか」といった差異の原因は把握できません。

そこで、直接材料費差異、直接労務費差異、製造間接費差異をさらに細かく分析する必要があります。

II 直接材料費差異の分析

直接材料費差異は、さらに**価格差異**と**数量差異**に分けることができます。

1 価格差異

価格差異は、標準単価と実際単価の違いから発生する差異で、材料の価格変動などが原因で発生する差異です。

2 数量差異

数量差異は、標準消費量と実際消費量の違いから発生する差異で、材料を無駄に使ったことなどが原因で発生する差異です。

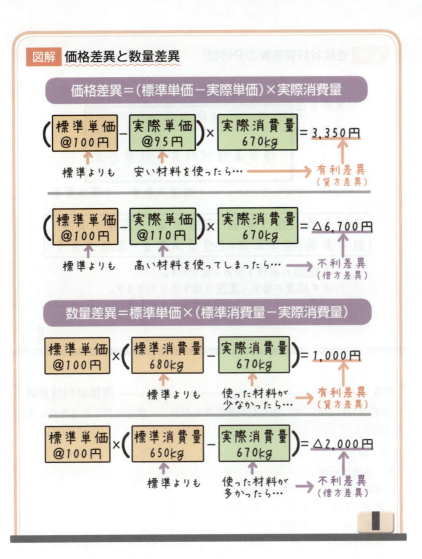

3 直接材料費差異の分析図

直接材料費差異の分析図を書くと、次ページのようになります。

図解	直接材料費差異の分析図

実際直接材料費

実際単価 ┌─────────────────────┐
　　　　　│　　　　　価格差異　　　　　│
標準単価 ├───────────────┬─────┤
　　　　　│　標準直接材料費　│数量差異│
　　　　　└───────────────┴─────┘
　　　　　　　　　　　　標準消費量　　実際消費量

内側に標準の値を記入 →

価格差異：（標準単価－実際単価）×実際消費量
数量差異：標準単価×（標準消費量－実際消費量）

☆各 ▭ の面積を求める感じです。
☆必ず標準の値から実際の値を差し引きます。
（符号のプラス・マイナスで有利差異か不利差異かを判定するため）

例3　　　　　　　　　　　　　　　　　　　　　直接材料費差異

　次の資料にもとづき、直接材料費差異を計算し、価格差異と数量差異に分析しなさい。

[資　料]

(1) 生産データ

月初仕掛品	20個	(50%)
当月投入	130	
合計	150個	
月末仕掛品	50	(60%)　（　）内の数値は加工進捗度を示す。
完成品	100個	材料はすべて工程の始点で投入している。

(2) 標準原価カード（直接材料費のみ）

	標準単価		標準消費量		
標準直接材料費	@100円	×	5kg	=	500円

(3) 実際原価データ

直接材料費：@110円×670kg＝73,700円

222

例3の解答　直接材料費差異；**8,700**円（**不利差異・借方差異**）
　　　　　価　格　差　異；**6,700**円（**不利差異・借方差異**）
　　　　　数　量　差　異；**2,000**円（**不利差異・借方差異**）

〈解説〉

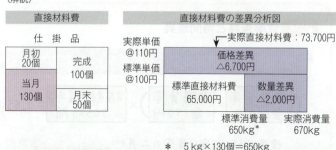

```
標準直接材料費；@100円×650kg＝65,000円
直接材料費差異；65,000円－73,700円＝△8,700円（不利差異・借方差異）
　価　格　差　異；（@100円－@110円）×670kg＝△6,700円（不利差異・借方差異）
　数　量　差　異；@100円×（650kg－670kg）＝△2,000円（不利差異・借方差異）
```

III　直接労務費差異の分析

直接労務費差異は、さらに**賃率差異**と**時間差異**に分けることができます。

1　賃率差異

賃率差異は、標準賃率と実際賃率の違いから発生する差異で、単純作業を熟練工（賃率の高い工員）が行ったことなどが原因で発生する差異です。

2 時間差異

　時間差異は、標準直接作業時間と実際直接作業時間の違いから発生する差異で、工員の作業能率が低下したことなどが原因で発生する差異です。

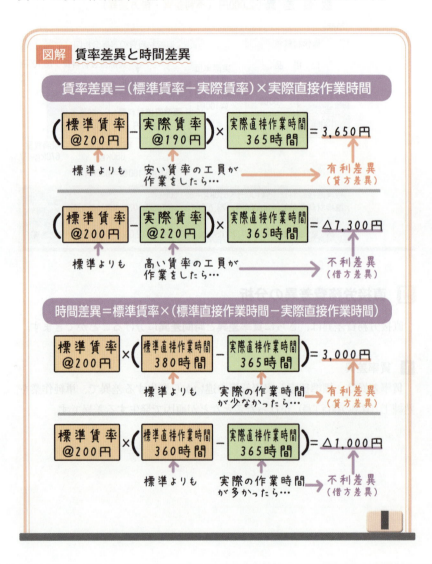

3 直接労務費差異の分析図

直接労務費差異の分析図を書くと、次のようになります。

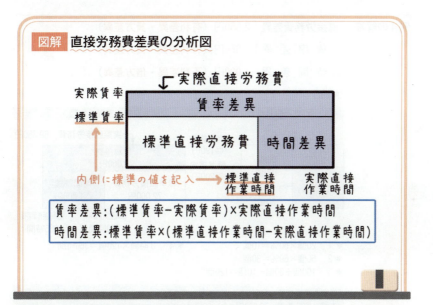

例4　　　　　　　　　　　　　　　　　　　　　直接労務費差異

次の資料にもとづき、直接労務費差異を計算し、賃率差異と時間差異に分析しなさい。

[資　料]
(1) 生産データ

　月初仕掛品　　20個　（50%）
　当月投入　　 130
　　合　計　　 150個
　月末仕掛品　　50　　（60%）　（　）内の数値は加工進捗度を示す。
　完　成　品　 100個　　　　　材料はすべて工程の始点で投入している。

(2) 標準原価カード（直接労務費のみ）

	標準賃率		標準直接作業時間		
標準直接労務費	@200円	×	3時間	=	600円

(3)　実際原価データ
　　　直接労務費：@190円×365時間＝69,350円

例4の解答　直接労務費差異：**2,650**円（**有利差異・貸方差異**）

　　　　　　賃　率　差　異；**3,650**円（**有利差異・貸方差異**）

　　　　　　時　間　差　異；**1,000**円（**不利差異・借方差異**）

〈解説〉

加工費（直接労務費）

仕　掛　品

月初 10個*1	完成 100個
当月 120個*3	月末 30個*2

直接労務費の差異分析図

実際賃率 @190円
標準賃率 @200円

賃率差異 3,650円	
標準直接労務費 72,000円	時間差異 △1,000円

実際直接労務費：69,350円

標準直接作業時間 360時間*4　実際直接作業時間 365時間

＊1　20個×50%＝10個　　　　　　　＊4　3時間×120個＝360時間
＊2　50個×60%＝30個
＊3　100個＋30個－10個＝120個

標準直接労務費：@200円×360時間＝72,000円
直接労務費差異：72,000円－69,350円＝2,650円（有利差異・貸方差異）
　賃　率　差　異：（@200円－@190円）×365時間＝3,650円（有利差異・貸方差異）
　時　間　差　異：@200円×（360時間－365時間）＝△1,000円（不利差異・借方差異）

Ⅳ　製造間接費の予算額

　製造間接費の標準配賦率は、1年間の製造間接費の予算額を見積り、これを1年間の**基準操業度**（直接作業時間などの標準配賦基準値）で割って求めます。
　1年間の製造間接費の予算額の設定方法には**固定予算**と**変動予算**があります。

1 固定予算

固定予算とは、基準操業度における製造間接費の予算額を設定したら、たとえ実際操業度が基準操業度と違っていたとしても、基準操業度における予算額を製造間接費の予算額とする方法をいいます。

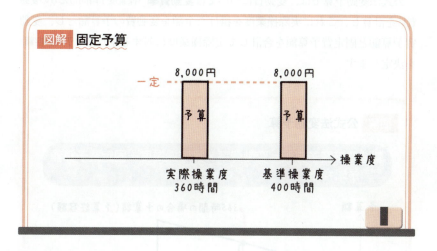

2 変動予算

変動予算とは、さまざまな操業度に対して設定した予算額を製造間接費の予算額とする方法をいいます。

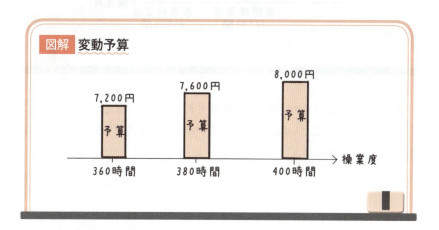

3 公式法変動予算

変動予算の中でも、製造間接費を変動費（操業度に比例して発生する原価）と固定費（操業度に比例せず、固定的に発生する原価）に分け、比例の公式を用いて製造間接費の予算額を設定する方法を**公式法変動予算**といいます。

公式法変動予算では、変動費については**変動費率**（操業度1時間あたりの変動費）を計算し、これに実際操業度を掛けた金額を変動費の予算額とし、変動費予算額と固定費予算額を合計して実際操業度に対する予算額（**予算許容額**）を決定します。

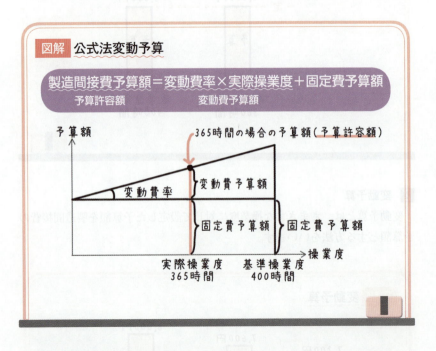

試験で標準原価計算の差異分析が出題されるときは、ほとんどの場合、公式法変動予算を前提とした出題となっているので、本書でも公式法変動予算を前提として説明します。

Ⅴ 製造間接費差異の分析

製造間接費差異は、さらに**予算差異**、**操業度差異**、**能率差異**に分けることができます。

1 予算差異

予算差異とは、予算許容額と実際発生額との差額をいいます。

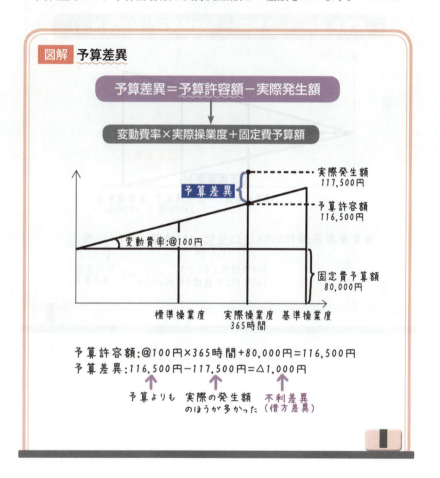

2 操業度差異

操業度差異とは、機械等の生産設備の利用度（操業度）の良否を原因として発生する固定費部分の差異で、実際操業度と基準操業度との差に**固定費率**（操業度1時間あたりの固定費）を掛けて計算します。

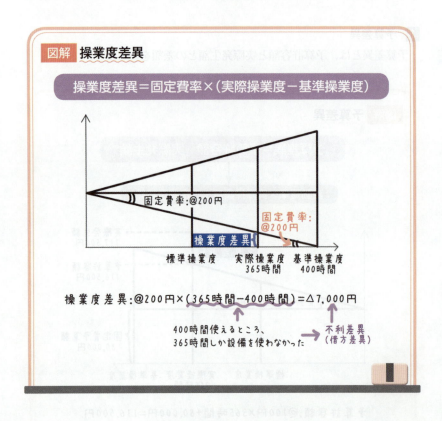

3 能率差異

　能率差異とは、作業能率の良否を原因として発生する差異で、標準操業度と実際操業度との差に標準配賦率（変動費率＋固定費率）を掛けて計算します。

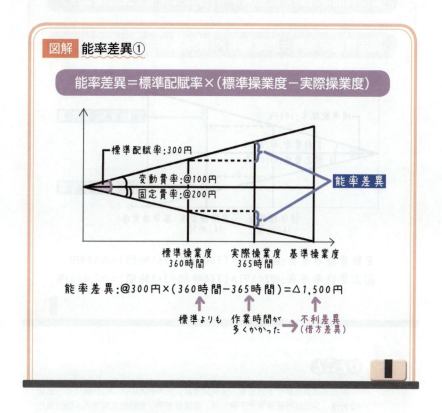

　なお、能率差異は変動費部分から生じたもの（**変動費能率差異**）と固定費部分から生じたもの（**固定費能率差異**）に分けることもあります。

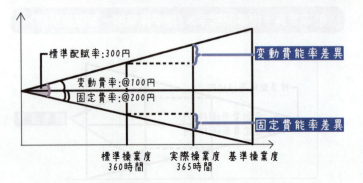

> **ひとこと**
>
> 　製造間接費差異を予算差異、操業度差異、能率差異の３つに分解する方法を**３分法**、製造間接費差異を予算差異、操業度差異、変動費能率差異、固定費能率差異の４つに分ける方法を**４分法**といいます（３分法や４分法といった用語は覚える必要はありません）。
> 　試験では主に３分法で出題され、３分法の場合には「能率差異については変動費部分と固定費部分からなるものとする」といった指示がつきます【３分法その①】。
> 　また、「能率差異は変動費のみで計算すること」という指示がつくこともあります。この場合、固定費能率差異は操業度差異に含めて計算します【３分法その②】。

4 製造間接費差異の分析図

　製造間接費差異の分析図をまとめると、次のようになります。

図解 製造間接費差異の分析図【3分法その①】

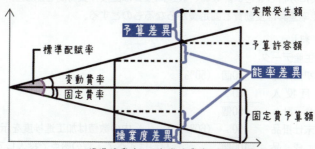

内側から、「標準」、「実際」、「基準」の順番で記入します。

予 算 差 異：予算許容額 − 実際発生額
　　　　　　→ 変動費率 × 実際操業度 + 固定費予算額
操業度差異：固定費率 ×（実際操業度 − 基準操業度）
能 率 差 異：標準配賦率 ×（標準操業度 − 実際操業度）
→ 変動費能率差異：変動費率 ×（標準操業度 − 実際操業度）
→ 固定費能率差異：固定費率 ×（標準操業度 − 実際操業度）

☆必ず内側の値から外側の値を差し引きます。

ひとこと

なお、【3分法その②】の場合（能率差異は変動費のみで計算する場合）の分析図は次のようになります。

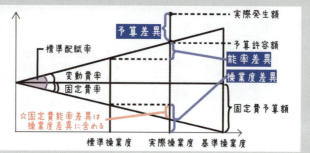

☆固定費能率差異は操業度差異に含める

例5 ━━━━━━━━━━━━━━━━━━━━ 製造間接費差異

　次の資料にもとづき、製造間接費差異を計算し、予算差異、操業度差異、能率差異に分析しなさい。なお、製造間接費は直接作業時間を配賦基準としており、能率差異は変動費と固定費からなるものとする。

［資　料］
(1)　生産データ

月初仕掛品	20個	（50%）
当月投入	130	
合　計	150個	
月末仕掛品	50	（60%）（　　）内の数値は加工進捗度を示す。
完　成　品	100個	材料はすべて工程の始点で投入している。

(2)　標準原価カード（製造間接費のみ）

	標準配賦率	標準直接作業時間	
標準製造間接費	@300円　×	3 時間	＝　900円

(3)　公式法変動予算（月間）
　　変動費率：@100円　　固定費予算額：80,000円
　　基準操業度：400時間（直接作業時間）
(4)　当月の実際原価データ
　　製造間接費実際発生額：117,500円　　実際直接作業時間：365時間

例5の解答　製造間接費差異：**9,500円（不利差異・借方差異）**

　　　　　予　算　差　異：**1,000円（不利差異・借方差異）**

　　　　　操　業　度　差　異：**7,000円（不利差異・借方差異）**

　　　　　能　率　差　異：**1,500円（不利差異・借方差異）**

〈解説〉

加工費（製造間接費）

仕　掛　品

月初 10個*1	完成 100個
当月 120個*3	月末 30個*2

＊1　20個×50%＝10個
＊2　50個×60%＝30個
＊3　100個＋30個−10個＝120個

234

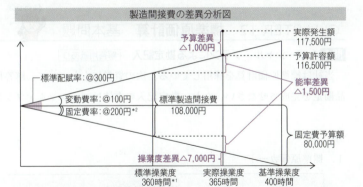

製造間接費の差異分析図

* 1　3時間×120個＝360時間
* 2　80,000円÷400時間＝@200円 または @300円－@100円＝@200円

標準製造間接費：@300円×360時間＝108,000円
予算許容額：@100円×365時間＋80,000円＝116,500円
製造間接費差異：108,000円－117,500円＝△9,500円（不利差異・借方差異）
予算差異：116,500円－117,500円＝△1,000円（不利差異・借方差異）
操業度差異：@200円×(365時間－400時間)＝△7,000円（不利差異・借方差異）
能率差異：@300円×(360時間－365時間)＝△1,500円（不利差異・借方差異）

ここまでは公式法変動予算の場合の差異分析をみてきましたが、固定予算の場合の差異分析もあります。固定予算の場合の差異分析については巻末の参考で説明しているので、余裕のある人は読んでおいてください。

CHAPTER 12　標準原価計算　基本問題

問1　パーシャル・プランによる勘定記入　　解答用紙あり

当社は標準原価計算を採用している。次の資料にもとづいて、解答用紙の仕掛品勘定を完成させなさい。なお、勘定記入の方法はパーシャル・プランによる。

[資　料]
1. 標準原価カード

	標準原価カード					
	標準単価		標準消費量			
標準直接材料費	@500円	×	2kg	=	1,000円
	標準賃率		標準直接作業時間			
標準直接労務費	@800円	×	3時間	=	2,400円
	標準配賦率		標準直接作業時間			
標準製造間接費	@700円	×	3時間	=	2,100円
	製品1個あたりの標準原価				5,500円

2. 生産データ

　　月初仕掛品　　100個　（50％）
　　当月投入　　　400
　　　合　計　　　500個
　　月末仕掛品　　150　（40％）
　　完成品　　　　350個
　（　）内の数値は加工進捗度を示す。

3. 実際原価データ
　　直接材料費当月投入額：409,000円
　　直接労務費当月消費額：858,000円
　　製造間接費当月実際発生額：815,000円

問2 原価差異の分析 〔解答用紙あり〕

当社は標準原価計算を採用している。次の資料にもとづいて、直接材料費差異、直接労務費差異、製造間接費差異を計算し、さらに差異分析をしなさい。なお、製造間接費差異は公式法変動予算を前提とし、能率差異は変動費と固定費からなるものとする。

解答用紙の〔　〕内には、借方差異ならば「借」、貸方差異ならば「貸」を記入すること。

〔資　料〕

1. 標準原価カード

	標準原価カード			
	標準単価	標準消費量		
標準直接材料費	@800円	×	5 kg	=	4,000円
	標準賃率	標準直接作業時間		
標準直接労務費	@1,000円	×	3 時間	=	3,000円
	標準配賦率	標準直接作業時間		
標準製造間接費	@2,500円	×	3 時間	=	7,500円
		製品1個あたりの標準原価		14,500円

2. 公式法変動予算データ

　　変　動　費　率：@1,000円

　　月間固定費予算額：900,000円

　　月間基準操業度：600時間（直接作業時間）

3. 生産データ

月初仕掛品	50個	（80%）
当月投入	200	
合計	250個	
月末仕掛品	40	（50%）
完成品	210個	

　　（　）内の数値は加工進捗度を示す。

4．実際原価データ

直接材料費当月投入額：@805円×980kg＝788,900円
直接労務費当月消費額：@950円×590時間＝560,500円
製造間接費当月実際発生額：1,505,000円

解答

問1 パーシャル・プランによる勘定記入

仕 掛 品

前 月 繰 越	(325,000)	製 品	(1,925,000)
直 接 材 料 費	(409,000)	次 月 繰 越	(420,000)
直 接 労 務 費	(858,000)	原 価 差 異	(62,000)
製 造 間 接 費	(815,000)		
	(2,407,000)		(2,407,000)

〈解説〉

直接材料費

仕 掛 品

月初 100個	完成 350個
当月 400個	月末 150個

加 工 費

仕 掛 品

月初 50個*1	完成 350個
当月 360個*3	月末 60個*2

* 1　100個×50%＝50個
* 2　150個×40%＝60個
* 3　350個＋60個－50個＝360個

完 成 品 原 価：@5,500円×350個＝1,925,000円
月末仕掛品原価：直接材料費　@1,000円×150個＝　150,000円
　　　　　　　　直接労務費　@2,400円× 60個＝　144,000円
　　　　　　　　製造間接費　@2,100円× 60個＝　126,000円
　　　　　　　　合　計　　　　　　　　　　　　　420,000円
月初仕掛品原価：直接材料費　@1,000円×100個＝　100,000円
　　　　　　　　直接労務費　@2,400円× 50個＝　120,000円
　　　　　　　　製造間接費　@2,100円× 50個＝　105,000円
　　　　　　　　合　計　　　　　　　　　　　　　325,000円
当月標準製造費用：直接材料費　@1,000円×400個＝　400,000円
　　　　　　　　　直接労務費　@2,400円×360個＝　864,000円
　　　　　　　　　製造間接費　@2,100円×360個＝　756,000円
　　　　　　　　　合　計　　　　　　　　　　　　2,020,000円
原 価 差 異：仕掛品勘定の貸借差額または下記
　　　　　　　直接材料費差異；400,000円－409,000円＝△ 9,000円
　　　　　　　直接労務費差異；864,000円－858,000円＝　 6,000円
　　　　　　　製造間接費差異；756,000円－815,000円＝△59,000円
　　　　　　　　　　　　　　　　　　　　　　　　　△62,000円

問2 原価差異の分析

直接材料費差異	[貸]	11,100円
価 格 差 異	[借]	4,900円
数 量 差 異	[貸]	16,000円
直接労務費差異	[貸]	9,500円
賃 率 差 異	[貸]	29,500円
時 間 差 異	[借]	20,000円
製造間接費差異	[借]	80,000円
予 算 差 異	[借]	15,000円
操 業 度 差 異	[借]	15,000円
能 率 差 異	[借]	50,000円

〈解説〉

直接材料費

仕 掛 品

月初 50個	完成 210個
当月 200個	月末 40個

加工費(直接労務費、製造間接費)

仕 掛 品

月初 40個*1	完成 210個
当月 190個*3	月末 20個*2

* 1　50個×80％＝40個
* 2　40個×50％＝20個
* 3　210個＋20個－40個＝190個

1．直接材料費の差異分析

実際単価
@805円

標準単価
@800円

　　　　　　　実際直接材料費：788,900円

	価格差異 △4,900円	
標準直接材料費 800,000円	数量差異 16,000円	

　　　　　　標準消費量　　実際消費量
　　　　　　1,000kg*4　　980kg

* 4　5kg×200個＝1,000kg

標準直接材料費：@800円×1,000kg＝800,000円
直接材料費差異：800,000円－788,900円＝11,100円（貸方差異）
　価　格　差　異；(@800円－@805円)×980kg＝△4,900円（借方差異）
　数　量　差　異；@800円×(1,000kg－980kg)＝16,000円（貸方差異）

2．直接労務費の差異分析

	実際直接労務費：560,500円	
実際賃率 @950円	賃率差異 29,500円	
標準賃率 @1,000円	標準直接労務費 570,000円	時間差異 △20,000円
	標準直接作業時間 570時間*5	実際直接作業時間 590時間

＊5　3時間×190個＝570時間

標準直接労務費：@1,000円×570時間＝570,000円
直接労務費差異：570,000円－560,500円＝9,500円（貸方差異）
賃　率　差　異；(@1,000円－@950円)×590時間＝29,500円（貸方差異）
時　間　差　異；@1,000円×(570時間－590時間)＝△20,000円（借方差異）

3．製造間接費の差異分析

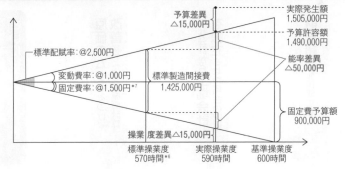

＊6　3時間×190個＝570時間
＊7　@2,500円－@1,000円＝@1,500円
　　　または900,000円÷600時間＝@1,500円

標準製造間接費：@2,500円×570時間＝1,425,000円
予 算 許 容 額：@1,000円×590時間＋900,000円＝1,490,000円
製造間接費差異：1,425,000円－1,505,000円＝△80,000円（借方差異）
予　算　差　異；1,490,000円－1,505,000円＝△15,000円（借方差異）
操 業 度 差 異；@1,500円×(590時間－600時間)＝△15,000円（借方差異）
能　率　差　異；@2,500円×(570時間－590時間)＝△50,000円（借方差異）

CHAPTER 13
直接原価計算

◆CVP分析は直接原価計算の損益計算書で解く！

ここでは、直接原価計算についてみていきます。

直接原価計算は、「来年、これだけの利益をあげるためには、いくら売り上げなければいけないか」といった利益計画に役立つ原価計算です。

CVP分析の問題は公式で解くこともできますが、直接原価計算の損益計算書を用いて解いたほうが解きやすいので、直接原価計算の損益計算書で解けるようにしておきましょう。

その他のテーマ

工業簿記における財務諸表 CHAPTER 10	本社工場会計 CHAPTER 11	標準原価計算 CHAPTER 12	直接原価計算 CHAPTER 13
財務諸表を作成する	本社会計から工場会計を独立させた場合の記帳	原価のムダをみつけ、改善するための原価計算	次期の予算を立てるさいに役立つ原価計算

1 直接原価計算とは

I 変動費と固定費

　これからみていく直接原価計算は、原価を**変動費**（製品の生産・販売量に比例して発生する原価）と**固定費**（製品の生産・販売量に関係なく、一定額が発生する原価）に分けて計算する、という特徴があります。

これならわかる!!

　たとえば、木製の家具を生産・販売する場合、素材（直接材料）である木材は、家具を作れば作るほど消費されます。したがって、直接材料費は製品の生産・販売量に比例して発生する原価＝変動費ということになります。

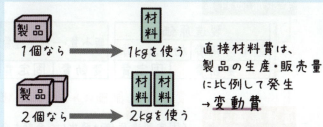

　一方、工場の減価償却費は、家具をどれだけ作ろうと、1年間で一定額が発生します。したがって、工場の減価償却費は製品の生産・販売量に関係なく、一定額が発生する原価＝固定費ということになります。

Ⅱ 全部原価計算と直接原価計算

　これまでに学習してきた原価計算は、製品の製造にかかった原価はすべて製品原価として計算しました。このような原価計算を**全部原価計算**といいます。

　全部原価計算に対して、製品の製造にかかった原価のうち、変動費（変動製造原価）のみを製品原価として計算する原価計算を**直接原価計算**といいます。

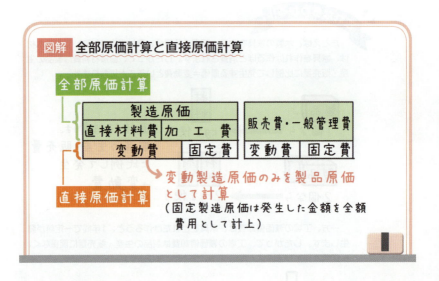

Ⅲ 直接原価計算と利益計画

　直接原価計算は、「来年、これだけの利益をあげるためには、いくら売り上げなければいけないか」といった会社の利益計画を立てるさいに役立つ原価計算です。

> **これならわかる!!**
> 　たとえば、直接材料費（変動費）が製品1個あたり100円かかり、工場の減価償却費（固定費）が1年間で10,000円かかるとしましょう。これ以外の原価はないものと仮定し、製品1個あたりの販売価格は@250円とします。

[前提] 販売単価：@250円

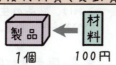
直接材料費（変動費）

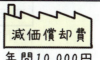
加工費（固定費）
減価償却費
年間10,000円

ここで、当期の製品の生産・販売量が200個であった場合、全部原価計算における製造原価は30,000円（@100円×200個＋10,000円）と計算され、製品1個あたりの製造原価は@150円（30,000円÷200個）となります。

全部原価計算の場合

直接材料費：@100円×200個＝20,000円
加　工　費：　　　　　　　　10,000円
　　　　　　　　　　　　　　30,000円

製品1個あたりの製造原価：
　　　30,000円÷200個＝@150円

製品1個あたりの製造原価が@150円ということは、製品を1個も生産・販売しなかったときは、製造原価は0円（@150円×0個）となります。また、売上高は0円（@250円×0個）、利益は0円（0円－0円）となります。

全部原価計算によると、製品を1個も生産・販売しなかったとき、利益は赤字にも黒字にもなりません。

販売単価@250円
原価@150円ということは、

販売数量	売上高	原価	利益
0個のとき	0円 －	0円 ＝	0円
1個のとき	250円 －	150円 ＝	100円
2個のとき	500円 －	300円 ＝	200円

ということになるが…

しかし、工場の減価償却費は、たとえ製品を1個も生産・販売しなくても毎年10,000円かかります。ですから、製品の生産・販売量が0個の場合であっても、原価10,000円は発生しており、10,000円の赤字となるはずです。

モヤモヤ解消

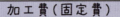

このように、全部原価計算では固定費の性質が無視されるため、適切な利益計画を立てることができないのです。

そこで登場するのが、直接原価計算です。

直接原価計算によると、変動製造原価（上記の例では直接材料費）のみが製品原価として計算され、固定製造原価（上記の例では工場の減価償却費）は、発生額を全額、その期間の費用とするので、製品を1個も生産・販売しなかったときは、赤字が10,000円と計算されるのです。

直接原価計算の場合

製品1個あたりの製造原価：@100円（変動費）

販売単価@250円、変動費@100円、固定費10,000円ということは、

販売数量	売上高	変動費	固定費	利益
0個のとき	0円 −	0円	−10,000円	=△10,000円

また、仮に来年、5,000円の利益をあげたいと思ったとき、製品をいくつ販売すればよいでしょうか？

製品の販売量をX個とすると、次の計算式が成り立ちますよね。

$$\underset{\text{売上高}}{250x} - \underset{\text{変動費}}{100x} - \underset{\text{固定費}}{10,000} = \underset{\text{利益}}{5,000}$$

この計算式を解くと、

$$250x - 100x - 10,000 = 5,000$$
$$250x - 100x = 5,000 + 10,000$$
$$150x = 15,000$$
$$x = \underline{100}\,（個）$$

となります。

つまり、今年と同じ条件で来年、5,000円の利益をあげたいと思ったら、製品を100個販売すればよいことになるのです。
このように、直接原価計算は会社の利益計画を立てるのに役立つ原価計算なのです。

2 直接原価計算の特徴と損益計算書

直接原価計算の特徴は次のとおりです。

●直接原価計算の特徴

◆原価を変動費と固定費に分ける
◆製品原価は変動製造原価（直接材料費、直接労務費、変動製造間接費）のみで計算する
◆固定製造原価（固定製造間接費）については、発生した金額を全額、その期間の費用として計上する

全部原価計算と直接原価計算の損益計算書の形式を示すと次のようになります。

図解 全部原価計算と直接原価計算の損益計算書

```
全部原価計算の損益計算書
Ⅰ. 売   上   高           ××
Ⅱ. 売  上  原  価         ××
    売 上 総 利 益        ××
Ⅲ. 販売費および一般管理費    ××
    営  業  利  益        ××
```

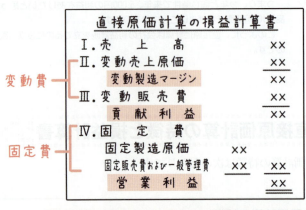

☆各利益の名称は試験でも出題されるので、覚えてください。

例1　全部原価計算の損益計算書

次の資料にもとづき、全部原価計算の損益計算書を完成させなさい。

[資料]
(1) 生産データ
　　期首仕掛品　　　　0個
　　当期投入　　　　100
　　　合　計　　　　100個
　　期末仕掛品　　　　0
　　完成品　　　　100個

(2) 販売データ
　　期首製品　　　　0個
　　当期完成　　　　100
　　　合　計　　　　100個
　　期末製品　　　　20
　　当期販売　　　　80個

(3) 当期製造費用
　　①変動費　直接材料費　@30円
　　　　　　　変動加工費　@20円
　　　　　　　変動販売費　@10円
　　②固定費　固定加工費　2,000円
　　　　　　　固定販売費・一般管理費　1,000円

(4) 製品1個あたりの販売単価は@100円である。

例1の解答

全部原価計算の損益計算書	（単位：円）
Ⅰ．売　上　高	8,000
Ⅱ．売　上　原　価	5,600
売　上　総　利　益	2,400
Ⅲ．販売費および一般管理費	1,800
営　業　利　益	600

〈解説〉

直接材料費

仕　掛　品

期首 0個	完成 100個 3,000円
当期 100個 3,000円	期末 0個

当期投入：@30円×100個＝3,000円
完　成　品：3,000円

加　工　費

仕　掛　品

期首 0個	完成 100個 4,000円
当期 100個 4,000円	期末 0個

当期投入：@20円×100個＋2,000円
　　　　　変動加工費　　固定加工費
　　　　＝4,000円

当期完成品原価：3,000円＋4,000円＝7,000円→製品勘定へ

売上原価

製　　　品

期首 0個	販売 80個 5,600円
完成 100個 7,000円	期末 20個 1,400円

期末製品：$\frac{7,000円}{100個}$×20個＝1,400円

販　売　品：7,000円－1,400円＝5,600円
（売上原価）

Ⅰ．売　上　高：@100円×80個＝8,000円
Ⅱ．売　上　原　価：5,600円（製品のボックス図より）
Ⅲ．販売費および一般管理費：変動販売費　@10円×80個＝　800円
　　　　　　　　　　　　　　固定販売費・一般管理費　　1,000円
　　　　　　　　　　　　　　　　　　　　　　　　　　　1,800円

▶ **例2** ━━━━━━━━━━━━━━━ **直接原価計算の損益計算書**

次の資料にもとづき、直接原価計算の損益計算書を完成させなさい。

[資　料]

(1)　生産データ

期首仕掛品	0個
当期投入	100
合　計	100個
期末仕掛品	0
完成品	100個

(2)　販売データ

期首製品	0個
当期完成	100
合　計	100個
期末製品	20
当期販売	80個

(3)　当期製造費用

①変動費　直接材料費　@30円　　②固定費　固定加工費　2,000円
　　　　　変動加工費　@20円　　　　　　　固定販売費・一般管理費
　　　　　変動販売費　@10円　　　　　　　　　　　　　　　1,000円

(4)　製品1個あたりの販売単価は@100円である。

例2の解答

直接原価計算の損益計算書

Ⅰ. 売　　上　　高		8,000
Ⅱ. 変 動 売 上 原 価		4,000
変動製造マージン		4,000
Ⅲ. 変 動 販 売 費		800
貢　献　利　益		3,200
Ⅳ. 固　　定　　費		
固定製造原価	2,000	
固定販売費および一般管理費	1,000	3,000
営　業　利　益		200

〈解説〉

直接材料費

仕　掛　品

期首 0個	完成 100個 3,000円
当期 100個 3,000円	期末 0個

変動加工費

仕　掛　品

期首 0個	完成 100個 2,000円
当期 100個 2,000円	期末 0個

当期投入：@30円×100個＝3,000円
完成品：3,000円

当期投入：@20円×100個＝2,000円
完成品：2,000円

当期完成品原価：3,000円＋2,000円＝5,000円→製品勘定へ

250

<table>
<tr><th colspan="2" align="center">売上原価</th></tr>
</table>

製　　　　品

期首 0個	販売 80個 4,000円
完成 100個 5,000円	期末 20個 1,000円

期 末 製 品：$\dfrac{5,000円}{100個}×20個=1,000円$

販 売 品：5,000円－1,000円＝4,000円
（売上原価）

Ⅰ．売　　　上　　　高：@100円×80個＝8,000円
Ⅱ．変 動 売 上 原 価：4,000円（製品のボックス図より）
Ⅲ．変 動 販 売 費：@10円×80個＝800円
Ⅳ．固　　定　　費：固定製造原価　　　　　　2,000円
　　　　　　　　　　　固定販売費・一般管理費　1,000円
　　　　　　　　　　　　　　　　　　　　　　　3,000円

3 固定費調整とは

　固定費調整とは、直接原価計算の営業利益を、全部原価計算の営業利益に修正する手続きをいいます。

　財務諸表に記載する場合の営業利益は、全部原価計算の営業利益でなければなりません。そこで、直接原価計算の損益計算書で営業利益を計算した場合には、これを全部原価計算の営業利益に修正する必要があります。

　直接原価計算の営業利益と、全部原価計算の営業利益の差額は、在庫（期首仕掛品、期首製品、期末仕掛品、期末製品）に含まれる固定製造原価です。したがって、直接原価計算の営業利益に、在庫（期首仕掛品、期首製品、期末仕掛品、期末製品）に含まれる固定製造原価を加減して調整し、全部原価計算の営業利益を計算します。

251

これならわかる!!

　さきの例1と例2において、全部原価計算の営業利益は600円、直接原価計算の営業利益は200円と計算されました。この差額400円（600円－200円）は、在庫に含まれる固定製造原価です。

　全部原価計算では、固定製造原価も製品原価として計算するため、在庫がある場合、固定製造原価が**売上原価**［費用］だけでなく、**仕掛品**［資産］や**製品**［資産］にも配分されます。

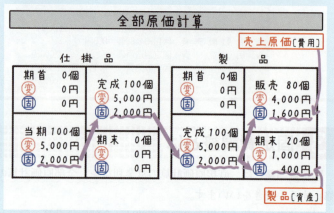

　一方、直接原価計算では、固定製造原価は製品原価として計算せず、発生額をすべて当期の費用として計上するため、**仕掛品**［資産］や**製品**［資産］には配分されません。

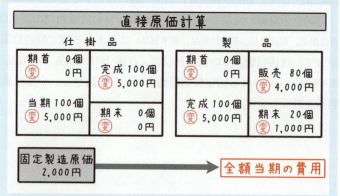

　上記のように、全部原価計算と直接原価計算では、費用計上額が異なるため営業利益に相違が生じますが、その相違の原因は固定製造原価の取り扱い方の違いにあります。そこで、在庫に含まれる固定費を調整することによって、直接原価計算の営業利益を全部原価計算の営業利益に修正します。

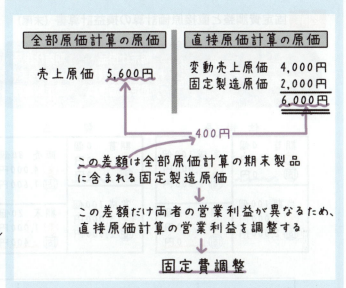

> **ひとこと**
> 会計制度上、外部に公表するための営業利益は全部原価計算によって求めた金額でなくてはなりません。そのため、直接原価計算を採用した場合には、全部原価計算の営業利益になるように金額を調整する必要があるのです。

　固定費調整の公式と直接原価計算の損益計算書（末尾）を示すと、次のとおりです。

図解 固定費調整と直接原価計算の損益計算書（末尾）

全部原価計算の営業利益 ＝ 直接原価計算の営業利益 ＋ 期末仕掛品・製品に含まれる固定製造原価 － 期首仕掛品・製品に含まれる固定製造原価

仕掛品

期首 0個 変 0円 固 0円	完成 100個 変 5,000円 固 2,000円
当期 100個 変 5,000円 固 2,000円	期末 0個 変 0円 固 0円

製品

期首 0個 変 0円 固 0円	販売 80個 変 4,000円 固 1,600円
完成 100個 変 5,000円 固 2,000円	期末 20個 変 1,000円 固 400円

```
　　　　　　⋮　　　　　　　　　　　⋮
直接原価計算の営業利益　　　　　　　 200
固定費調整
期末製品（仕掛品）に含まれる固定製造原価　＋400
期首製品（仕掛品）に含まれる固定製造原価　－  0
全部原価計算の営業利益　　　　　　　 600
```

試験では、固定費調整の問題はほとんど出題されていません。また、過去に出題されたときには、固定費調整の公式は問題文に記載されていたため、固定費調整の公式は覚えなくても大丈夫です。

4 CVP分析

I CVP分析とは

CVP分析とは、原価（Cost）、生産・販売量（Volume）、利益（Profit）の関係を明らかにするための分析で、原価や販売量が変化したときの利益の変動額や、目標利益を達成するための売上高などをみるときに用いる手法です。

2級で学習するCVP分析には、次のようなものがあります。

●2級で学習するCVP分析

◆損益分岐点の売上高
◆目標営業利益を達成するための売上高
◆目標営業利益率を達成するための売上高
◆安全余裕率

II 変動費率と貢献利益率

CVP分析では、「変動費と貢献利益の売上高に対する割合は一定」という性質を用いて各計算を行います。

なお、売上高に対する変動費の割合を**変動費率**、売上高に対する貢献利益の割合を**貢献利益率**といいます。

255

> **図解** 変動費率と貢献利益率
>
> 変動費率：$\dfrac{変動費}{売上高}$
>
> 貢献利益率：$\dfrac{貢献利益}{売上高}$
>
> 売上高 100円 { 変動費 70円 / 貢献利益 30円 }
>
> 変動費率：$\dfrac{70円}{100円}=0.7$
>
> 貢献利益率：$\dfrac{30円}{100円}=0.3$
>
> ちなみに、
> 変動費率（0.7）と売上高（100円）が明らかならば、
>
> 変動費：100円×0.7＝70円
> 貢献利益：100円×（1−0.7）＝30円
>
> と計算することができます。

Ⅲ CVP分析と直接原価計算の損益計算書

　CVP分析をするさいには、一般的に公式が用いられますが、問題を解くさいには、直接原価計算の損益計算書を用いたほうが簡単です。

　この場合の直接原価計算の損益計算書は、次のような簡略化したものを用います。

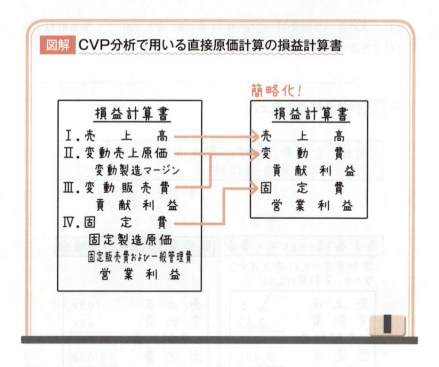

Ⅳ 損益分岐点の売上高

1 損益分岐点の売上高とは

損益分岐点の売上高とは、営業利益がちょうど0円となる(黒字でも赤字でもない)ときの売上高をいいます。

2 直接原価計算の損益計算書

損益分岐点の売上高を計算するときには、「営業利益＝0円」として直接原価計算の損益計算書を作ります。

このとき、求めるべき売上高(損益分岐点の売上高)をS(円)とします。

> 「S」はSales(売上)の「S」です。

なお、求めるべき販売量（損益分岐点の販売量）をX（個）としても計算することができます。

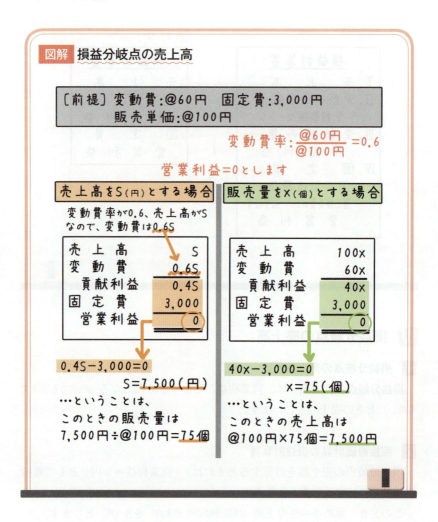

例3 　　　　　　　　　　　　　　　　　　　　　　損益分岐点の売上高

　次の資料にもとづき、損益分岐点の売上高およびそのときの販売量を求めなさい。

[資　料]
(1)　原価データ
　　　①変動費　直接材料費　@30円　　②固定費　固定加工費　2,000円
　　　　　　　　変動加工費　@20円　　　　　　　固定販売費・一般管理費
　　　　　　　　変動販売費　@10円　　　　　　　　　　　　　　1,000円
(2)　製品1個あたりの販売単価は@100円である。

例3の解答	損益分岐点の売上高	**7,500円**
	販売量	**75個**

〈解説〉

①売上高をS（円）とする場合

損 益 計 算 書	
売　上　高	S
変　動　費	0.6S*1
貢 献 利 益	0.4S
固　定　費	3,000*2
営 業 利 益	0

*1　変 動 費：@30円＋@20円＋@10円＝@60円

変動費率：$\dfrac{@60円}{@100円}=0.6$

*2　固 定 費：2,000円＋1,000円＝3,000円

売上高：0.4S－3,000＝0
　　　　　0.4S＝3,000
　　　　　　　S＝3,000÷0.4
　　　　　　　S＝7,500（円）
販売量：7,500円÷@100円＝75個

②販売量をX（個）とする場合

損 益 計 算 書	
売　上　高	100X
変　動　費	60X
貢 献 利 益	40X
固　定　費	3,000
営 業 利 益	0

販売量：40X－3,000＝0
　　　　　40X＝3,000
　　　　　　　X＝3,000÷40
　　　　　　　X＝75（個）
売上高：@100円×75個＝7,500円

3 CVP分析の公式

損益分岐点の売上高を公式を使って求める場合には、以下の公式にあてはめて計算します。

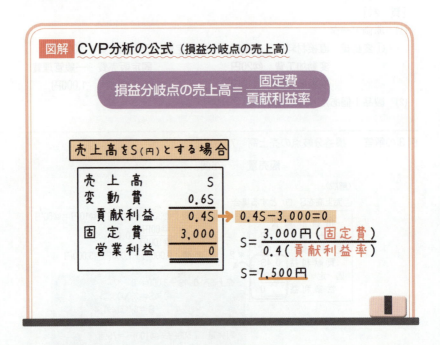

V 目標営業利益を達成するための売上高

1 直接原価計算の損益計算書

目標営業利益を達成するための売上高を計算するときには、「営業利益＝目標利益」として直接原価計算の損益計算書を作ります。

図解	目標営業利益を達成するための売上高

〔前提〕変動費：@60円　固定費：3,000円
　　　　販売単価：@100円（変動費率0.6）
　　　　目標営業利益：7,000円

営業利益＝7,000とします

売上高をS（円）とする場合	販売量をx（個）とする場合

売　上　高	S	売　上　高	100x
変　動　費	0.6S	変　動　費	60x
貢献利益	0.4S	貢献利益	40x
固　定　費	3,000	固　定　費	3,000
営業利益	7,000	営業利益	7,000

$0.4S-3,000=7,000$

$S=25,000（円）$

…ということは、
このときの販売量は
25,000円÷@100円＝250個

$40x-3,000=7,000$

$x=250（個）$

…ということは、
このときの売上高は
@100円×250個＝25,000円

例4　目標営業利益を達成するための売上高

次の資料にもとづき、目標営業利益を達成するための売上高およびそのときの販売量を求めなさい。

[資　料]
(1) 原価データ
　①変動費　直接材料費　@30円　　②固定費　固定加工費　2,000円
　　　　　　変動加工費　@20円　　　　　　　固定販売費・一般管理費
　　　　　　変動販売費　@10円　　　　　　　　　　　　　1,000円
(2) 製品1個あたりの販売単価は@100円である。
(3) 目標営業利益は7,000円である。

例4の解答　　目標営業利益を達成するための売上高　**25,000**円
　　　　　　　　　　　　　　　　販売量　**250**個

〈解説〉

①売上高をS（円）とする場合

損益計算書	
売 上 高	S
変 動 費	0.6S
貢献利益	0.4S
固 定 費	3,000
営業利益	7,000

売上高：0.4S－3,000＝7,000
　　　　　0.4S＝7,000＋3,000
　　　　　0.4S＝10,000
　　　　　　 S＝10,000÷0.4
　　　　　　 S＝25,000（円）
販売量：25,000円÷@100円＝250個

②販売量をX（個）とする場合

損益計算書	
売 上 高	100X
変 動 費	60X
貢献利益	40X
固 定 費	3,000
営業利益	7,000

販売量：40X－3,000＝7,000
　　　　　40X＝7,000＋3,000
　　　　　40X＝10,000
　　　　　　X＝10,000÷40
　　　　　　X＝250（個）
売上高：@100円×250個＝25,000円

2 CVP分析の公式

目標営業利益を達成するための売上高を、公式を使って求める場合には、以下の公式にあてはめて計算します。

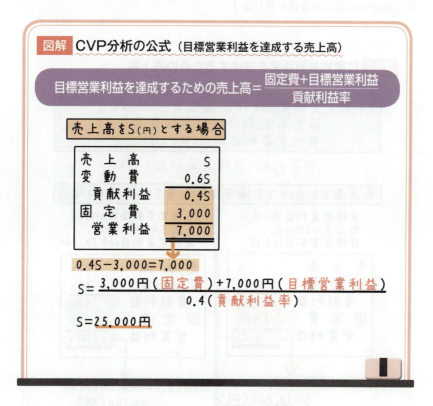

VI 目標営業利益率を達成するための売上高

1 目標営業利益率とは

目標営業利益率とは、売上高に対する目標営業利益の割合をいいます。

$$目標営業利益率 = \frac{目標営業利益}{売上高}$$

2 直接原価計算の損益計算書

　目標営業利益率を達成するための売上高を計算するときには、売上高と目標営業利益率から目標営業利益を計算し、「営業利益＝目標利益」として直接原価計算の損益計算書を作ります。

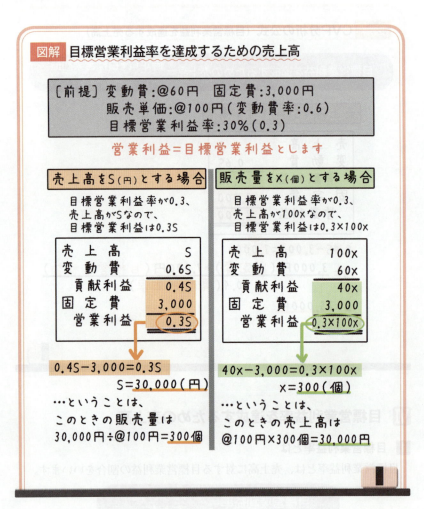

例5 ──── 目標営業利益率を達成するための売上高

次の資料にもとづき、目標営業利益率を達成するための売上高およびそのときの販売量を求めなさい。

[資　料]
(1) 原価データ
　　①変動費　直接材料費　@30円　　②固定費　固定加工費　2,000円
　　　　　　　変動加工費　@20円　　　　　　　固定販売費・一般管理費
　　　　　　　変動販売費　@10円　　　　　　　　　　　　　　　1,000円
(2) 製品1個あたりの販売単価は@100円である。
(3) 目標営業利益率は30%である。

例5の解答　　目標営業利益率を達成するための売上高　30,000円
　　　　　　　　　　　　　　　　　　　　　　　販売量　300個

〈解説〉
①売上高をS（円）とする場合

損　益　計　算　書	
売　上　高	S
変　動　費	0.6S
貢　献　利　益	0.4S
固　定　費	3,000
営　業　利　益	0.3S

売上高：0.4S－3,000＝0.3S
　　　　0.4S－0.3S＝3,000
　　　　　　　 0.1S＝3,000
　　　　　　　　　S＝3,000÷0.1
　　　　　　　　　S＝30,000（円）
販売量：30,000円÷@100円＝300個

②販売量をX（個）とする場合

損　益　計　算　書	
売　上　高	100X
変　動　費	60X
貢　献　利　益	40X
固　定　費	3,000
営　業　利　益	0.3×100X

販売量：40X－3,000＝0.3×100X
　　　　40X－3,000＝30X
　　　　40X－30X＝3,000
　　　　　　　10X＝3,000
　　　　　　　　X＝3,000÷10
　　　　　　　　X＝300（個）
売上高：@100円×300個＝30,000円

3 CVP分析の公式

目標営業利益率を達成するための売上高を、公式を使って求める場合には、以下の公式にあてはめて計算します。

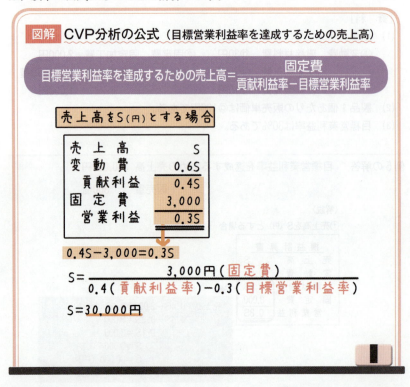

Ⅶ 安全余裕率

安全余裕率とは、売上高（予想売上高または当期の売上高）が損益分岐点をどれだけ上回っているかを表す指標で、次の計算式により求めることができます。

	CH 13 直接原価計算

CVP分析

図解　安全余裕率

$$安全余裕率 = \frac{売上高^* - 損益分岐点の売上高}{売上高^*} \times 100$$

＊　予想売上高または当期の売上高

〔前提〕損益分岐点の売上高：5,000円
　　　　当期の売上高：12,500円

これだけ損益分岐点の売上高
を上回っている（＝余裕分）

0円　　　　　5,000円　　　　　12,500円

損益分岐点の売上高

当期の売上高

$$安全余裕率：\frac{12,500円 - 5,000円}{12,500円} \times 100 = 60\%$$

例6　　　　　　　　　　　　　　　　　　　　　　　安全余裕率

次の資料にもとづき、安全余裕率を求めなさい。

〔資　料〕
　当期の売上高は12,500円、損益分岐点の売上高は5,000円である。

例6の解答　　安全余裕率　**60%**＊

$$＊ \quad \frac{12,500円 - 5,000円}{12,500円} \times 100 = 60\%$$

5 原価の変動費と固定費の分解

I 原価の変動費と固定費の分解

直接原価計算では、原価を変動費と固定費に分ける必要があります。原価を変動費と固定費に分ける方法には、**高低点法**や**費目別精査法**などがあります。

II 高低点法とは

高低点法とは、過去の原価データをもとに、最高の生産量のときの原価と最低の生産量のときの原価から、製品1個あたりの変動費（**変動費率**）と固定費（期間総額）を求める方法をいいます。

III 高低点法による原価の分解

製品1個あたりの変動費（変動費率）と固定費は次の計算式によって求めます。

図解 高低点法による原価の分解

❶ 変動費率 ＝ $\dfrac{\text{最高点の原価} － \text{最低点の原価}}{\text{最高点の生産量} － \text{最低点の生産量}}$

❷ 固定費＝最高点の原価－変動費率×最高点の生産量
最高点の変動費

または

固定費＝最低点の原価－変動費率×最低点の生産量
最低点の変動費

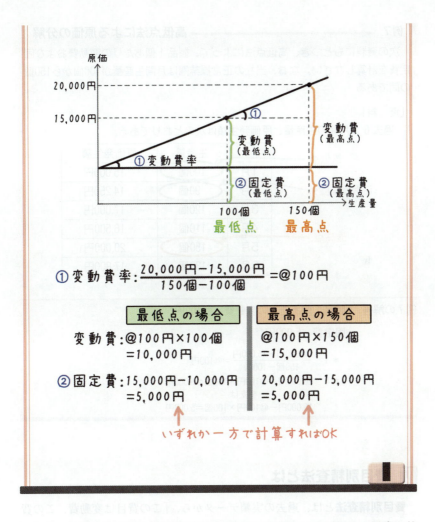

なお、正常な生産量の範囲外（正常操業圏外）で発生した原価は、異常な状態で発生した原価と考えられるため、最高点と最低点は、正常操業圏内から抽出します。

| 例7 | 高低点法による原価の分解 |

　次の資料にもとづき、高低点法によって、製品1個あたりの変動費および固定費を計算しなさい。なお、当社の正常操業圏は月間生産量が100個から150個の間である

[資　料]

　過去6カ月間の生産量と原価発生額は次のとおりである。

		生産量	原価発生額
最低点 →	1月	100個	15,000円
正常操業圏外 →	2月	90個	14,250円
	3月	120個	17,000円
	4月	110個	16,500円
最高点 →	5月	150個	20,000円
	6月	130個	17,800円

例7の解答　　製品1個あたりの変動費　@**100**円[*1]

　　　　　　固定費　**5,000**円[*2]

[*1] $\dfrac{20,000円-15,000円}{150個-100個}=@100円$

[*2] 20,000円-@100円×150個=5,000円
　　　　　または
　　　15,000円-@100円×100個=5,000円

Ⅳ 費目別精査法とは

　費目別精査法とは、過去の実績データから、「この費目は変動費、この費目は固定費」というように、費目ごとに原価を変動費と固定費に分類する方法をいいます。

270

CHAPTER 13 直接原価計算 基本問題

問1 全部原価計算と直接原価計算の損益計算書−Ⅰ 解答用紙あり

次の資料にもとづいて、解答用紙の(1)全部原価計算の損益計算書と(2)直接原価計算の損益計算書を完成させなさい。

[資　料]

1．生産データ
　　期首仕掛品　　　0個
　　当期投入　　　500
　　　合　計　　　500個
　　期末仕掛品　　　0
　　完成品　　　　500個

2．販売データ
　　期首製品　　　0個
　　当期完成　　　500
　　　合　計　　　500個
　　期末製品　　　50
　　当期販売　　　450個

3．当期製造費用
　　①変動費　直接材料費　@600円
　　　　　　　変動加工費　@400円
　　　　　　　変動販売費　@200円
　　②固定費　固定加工費　280,000円
　　　　　　　固定販売費・一般管理費　320,000円

4．製品1個あたりの販売単価は@3,000円である。

問2 全部原価計算と直接原価計算の損益計算書－Ⅱ　解答用紙あり

　次の資料にもとづいて、解答用紙の(1)全部原価計算の損益計算書と(2)直接原価
計算の損益計算書を完成させなさい。なお、製品原価の計算は平均法による。

［資　料］

1．生産・販売データ

	第1期	第2期	第3期
期首製品有高	0個	0個	100個
当期製品生産量	1,000個	1,500個	1,900個
当期製品販売量	1,000個	1,400個	1,700個
期末製品有高	0個	100個	300個

※　各期首および各期末に仕掛品はない。

2．販　売　単　価………………………………………………… @2,000円

3．製　造　原　価：製品1個あたりの変動製造原価………………… @800円

　　　　　　　　　固定製造原価（期間総額）………………… 450,000円

4．販　　売　　費：製品1個あたりの変動販売費………………… @200円

　　　　　　　　　固定販売費（期間総額）………………… 100,000円

5．一般管理費：すべて固定費（期間総額）………………… 80,000円

問3 CVP分析－Ⅰ 解答用紙あり

次の資料にもとづいて、下記の(A)〜(D)に答えなさい。

[資 料]

1. 販売単価 @2,500円
2. 製造原価

製品1個あたりの変動製造原価 @800円

固定製造原価（期間総額） 400,000円

3. 販売費および一般管理費

製品1個あたりの変動販売費 @200円

固定販売費（期間総額） 100,000円

一般管理費（期間総額） 76,000円

(A) 損益分岐点の売上高と販売量を計算しなさい。

(B) 目標営業利益324,000円を達成するための売上高と販売量を計算しなさい。

(C) 目標営業利益率30%を達成するための売上高と販売量を計算しなさい。

(D) 予想売上高を1,250,000円とした場合の安全余裕率を計算しなさい。

なお、%未満2桁目を四捨五入し、%未満1桁まで算定すること。

(例) 12.34%→12.3%

問4 CVP分析－Ⅱ 解答用紙あり

　当社の当月の生産、販売データは次のとおりである。直接原価計算の損益計算書を作成していることを前提に、下記の(A)～(D)に答えなさい。

［資　料］

生　産　量	2,000個
販　売　量	1,500個
月 初 製 品	0個
販 売 単 価	@2,500円
直接材料費	1,000,000円（すべて変動費）
直接労務費	800,000円（すべて変動費）
製造間接費	1,600,000円
	（うち変動費900,000円、固定費700,000円）
変動販売費	225,000円
固定販売費・一般管理費	230,000円

(A) 解答用紙の損益計算書を完成させなさい。

(B) 損益分岐点の売上高を計算しなさい。

(C) 売上高営業利益率を計算しなさい。なお、%未満2桁目を四捨五入し、%未満1桁まで算定すること。

　　（例）12.34%→12.3%

(D) 安全余裕率を計算しなさい。

274

問5 高低点法による原価の分解 　解答用紙あり

次の資料にもとづいて、下記の(A)～(C)に答えなさい。

［資　料］

1. 過去6カ月間の製品Xの生産・販売量と原価発生額は次のとおりである。なお、月初および月末に仕掛品や製品は存在しない。正常操業圏は月間生産量が3,500個から5,000個である。

	生産量	原価発生額
4月	3,600個	2,850,000円
5月	3,400個	2,630,000円
6月	4,200個	3,150,000円
7月	4,800個	3,450,000円
8月	3,800個	2,952,000円
9月	4,600個	3,250,000円

2. 製品Xの販売単価は@800円である。

(A) 正常操業圏における最大生産量と最低生産量を答えなさい。

(B) 高低点法による原価分解を行い、製品1個あたりの変動費と月間の固定費を計算しなさい。

(C) 損益分岐点の売上高を計算しなさい。

解答

問1 全部原価計算と直接原価計算の損益計算書－Ⅰ

(1) 全部原価計算の損益計算書

Ⅰ．売 上 高	（	1,350,000 ）
Ⅱ．売 上 原 価	（	702,000 ）
売 上 総 利 益	（	648,000 ）
Ⅲ．販売費および一般管理費	（	410,000 ）
営 業 利 益	（	238,000 ）

(2) 直接原価計算の損益計算書

Ⅰ．売 上 高		（	1,350,000 ）
Ⅱ．変 動 売 上 原 価		（	450,000 ）
変動製造マージン		（	900,000 ）
Ⅲ．変 動 販 売 費		（	90,000 ）
貢 献 利 益		（	810,000 ）
Ⅳ．固 定 費			
固 定 製 造 原 価	（ 280,000 ）		
固定販売費および一般管理費	（ 320,000 ）	（	600,000 ）
営 業 利 益		（	210,000 ）

〈解説〉
1．全部原価計算の損益計算書

直接材料費				加 工 費		
仕 掛 品				仕 掛 品		
期首 0個	完成 500個 300,000円			期首 0個	完成 500個 480,000円	
当期 500個 300,000円	期末 0個			当期 500個 480,000円	期末 0個	

当期投入：@600円×500個
　　　　　＝300,000円
完 成 品：300,000円

当期投入：@400円×500個
　　　　　変動加工費
　　　　＋280,000円＝480,000円
　　　　　固定加工費
完 成 品：480,000円

276

当月完成品原価：300,000円＋480,000円＝780,000円 → 製品勘定へ

売上原価

製	品
期首 0個	販売 450個 702,000円
完成 500個 780,000円	期末 50個 78,000円

期末製品：$\dfrac{780,000円}{500個} \times 50個$
　　　　　$= 78,000円$

当期販売品：780,000円－78,000円
（売上原価）　＝702,000円

Ⅰ．売　上　高：@3,000円×450個＝1,350,000円
Ⅱ．売　上　原　価：702,000円（製品のボックス図より）
Ⅲ．販売費および一般管理費：変動販売費；@200円×450個＝　90,000円
　　　　　　　　　　　　　　　固定販売費・一般管理費；　　　320,000円
　　　　　　　　　　　　　　　　　　　　　　　　　　　　　410,000円

2．直接原価計算の損益計算書

直接材料費

仕	掛　品
期首 0個	完成 500個 300,000円
当期 500個 300,000円	期末 0個

変動加工費

仕	掛　品
期首 0個	完成 500個 200,000円
当期 500個 200,000円	期末 0個

当期投入：@600円×500個
　　　　　＝300,000円
完 成 品：300,000円

当期投入：@400円×500個
　　　　　＝200,000円
完 成 品：200,000円

当月完成品原価：300,000円＋200,000円＝500,000円 → 製品勘定へ

変動売上原価

製	品
期首 0個	販売 450個 450,000円
完成 500個 500,000円	期末 50個 50,000円

期末製品：$\dfrac{500,000円}{500個} \times 50個$
　　　　　$= 50,000円$

当期販売品：500,000円－50,000円
（売上原価）　＝450,000円

```
Ⅰ. 売　上　高：@3,000円×450個＝1,350,000円
Ⅱ. 変動売上原価：450,000円（製品のボックス図より）
Ⅲ. 変動販売費：@200円×450個＝90,000円
Ⅳ. 固　定　費：固定製造原価；　　　　280,000円
　　　　　　　　固定販売費・一般管理費；320,000円
　　　　　　　　　　　　　　　　　　　600,000円
```

問2　全部原価計算と直接原価計算の損益計算書－Ⅱ

(1)　全部原価計算の損益計算書

	第1期	第2期	第3期
売　　上　　高	(2,000,000)	(2,800,000)	(3,400,000)
売　上　原　価	(1,250,000)	(1,540,000)	(1,768,000)
売上総利益	(750,000)	(1,260,000)	(1,632,000)
販売費・一般管理費	(380,000)	(460,000)	(520,000)
営　業　利　益	(370,000)	(800,000)	(1,112,000)

(2)　直接原価計算の損益計算書

	第1期	第2期	第3期
売　　上　　高	(2,000,000)	(2,800,000)	(3,400,000)
変動売上原価	(800,000)	(1,120,000)	(1,360,000)
変動製造マージン	(1,200,000)	(1,680,000)	(2,040,000)
変動販売費	(200,000)	(280,000)	(340,000)
貢　献　利　益	(1,000,000)	(1,400,000)	(1,700,000)
固　　定　　費	(630,000)	(630,000)	(630,000)
営　業　利　益	(370,000)	(770,000)	(1,070,000)

〈解説〉
1．全部原価計算の損益計算書
(1) 第1期

変動製造原価

製　品

期首 0個 0円	販売 1,000個 800,000円
完成 1,000個 800,000円	期末 0個 0円

当期製品製造原価：@800円×1,000個
＝800,000円
売　上　原　価：800,000円

固定製造原価

製　品

期首 0個 0円	販売 1,000個 450,000円
完成 1,000個 450,000円	期末 0個 0円

当期製品製造原価：450,000円
売　上　原　価：450,000円

Ⅰ．売　上　高：@2,000円×1,000個＝2,000,000円
Ⅱ．売上原価：800,000円＋450,000円＝1,250,000円
Ⅲ．販売費・一般管理費：変動販売費；@200円×1,000個＝200,000円
　　　　　　　　　　　　固定販売費；　　　　　　　　100,000円
　　　　　　　　　　　　一般管理費；　　　　　　　　 80,000円
　　　　　　　　　　　　　　　　　　　　　　　　　 380,000円

(2) 第2期

変動製造原価

製　品

期首 0個 0円	販売 1,400個 1,120,000円
完成 1,500個 1,200,000円	期末 100個 80,000円

当期製品製造原価：@800円×1,500個
＝1,200,000円
期　末　製　品：@800円×100個
＝80,000円
売　上　原　価：@800円×1,400個
＝1,120,000円

固定製造原価

製　品

期首 0個 0円	販売 1,400個 420,000円
完成 1,500個 450,000円	期末 100個 30,000円

当期製品製造原価：450,000円
平　均　単　価：$\dfrac{0\text{円}＋450{,}000\text{円}}{1{,}400\text{個}＋100\text{個}}$
　　　　　　　＝@300円
期　末　製　品：@300円×100個
＝30,000円
売　上　原　価：@300円×1,400個
＝420,000円

```
Ⅰ．売　上　高：@2,000円×1,400個＝2,800,000円
Ⅱ．売　上　原　価：1,120,000円＋420,000円＝1,540,000円
Ⅲ．販売費・一般管理費：変動販売費；@200円×1,400個＝280,000円
　　　　　　　　　　　　固定販売費；　　　　　　　　　100,000円
　　　　　　　　　　　　一般管理費；　　　　　　　　　　80,000円
　　　　　　　　　　　　　　　　　　　　　　　　　　　460,000円
```

⑶　第3期

変動製造原価	
製	品
期首 100個 80,000円	販売 1,700個 1,360,000円
完成 1,900個 1,520,000円	期末 300個 240,000円

固定製造原価	
製	品
期首 100個 30,000円	販売 1,700個 408,000円
完成 1,900個 450,000円	期末 300個 72,000円

期　首　製　品：第2期の期末製品原価
　　　　　　　　＝80,000円
当期製品製造原価：@800円×1,900個
　　　　　　　　＝1,520,000円
期　末　製　品：@800円×300個
　　　　　　　　＝240,000円
売　上　原　価：@800円×1,700個
　　　　　　　　＝1,360,000円

期　首　製　品：第2期の期末製品原価
　　　　　　　　＝30,000円
当期製品製造原価：450,000円
平　均　単　価：$\dfrac{30,000円＋450,000円}{1,700個＋300個}$
　　　　　　　　＝@240円
期　末　製　品：@240円×300個
　　　　　　　　＝72,000円
売　上　原　価：@240円×1,700個
　　　　　　　　＝408,000円

```
Ⅰ．売　上　高：@2,000円×1,700個＝3,400,000円
Ⅱ．売　上　原　価：1,360,000円＋408,000円＝1,768,000円
Ⅲ．販売費・一般管理費：変動販売費；@200円×1,700個＝340,000円
　　　　　　　　　　　　固定販売費；　　　　　　　　　100,000円
　　　　　　　　　　　　一般管理費；　　　　　　　　　　80,000円
　　　　　　　　　　　　　　　　　　　　　　　　　　　520,000円
```

２．直接原価計算の損益計算書

(1) 第１期

変動製造原価

製	品
期首 0個 0円	販売 1,000個 800,000円
完成 1,000個 800,000円	期末 0個 0円

当期製品製造原価：＠800円×1,000個
＝800,000円
変動売上原価：800,000円

Ⅰ．売　　上　　高：＠2,000円×1,000個＝2,000,000円
Ⅱ．変動売上原価：800,000円
Ⅲ．変動販売費：＠200円×1,000個＝200,000円
Ⅳ．固　　定　　費：固定製造原価；450,000円
　　　　　　　　　固定販売費；100,000円
　　　　　　　　　一般管理費；　80,000円
　　　　　　　　　　　　　　　　630,000円

(2) 第２期

変動製造原価

製	品
期首 0個 0円	販売 1,400個 1,120,000円
完成 1,500個 1,200,000円	期末 100個 80,000円

当期製品製造原価：＠800円×1,500個
＝1,200,000円
期　末　製　品：＠800円×100個
＝80,000円
変動売上原価：＠800円×1,400個
＝1,120,000円

Ⅰ．売　　上　　高：＠2,000円×1,400個＝2,800,000円
Ⅱ．変動売上原価：1,120,000円
Ⅲ．変動販売費：＠200円×1,400個＝280,000円
Ⅳ．固　　定　　費：固定製造原価；450,000円
　　　　　　　　　固定販売費；100,000円
　　　　　　　　　一般管理費；　80,000円
　　　　　　　　　　　　　　　　630,000円

(3) **第3期**

変動製造原価

製	品
期首 100個 80,000円	販売 1,700個 1,360,000円
完成 1,900個 1,520,000円	期末 300個 240,000円

期　首　製　品：第2期の期末製品原価
　　　　　　　　＝80,000円
当期製品製造原価：@800円×1,900個
　　　　　　　　＝1,520,000円
期　末　製　品：@800円×300個
　　　　　　　　＝240,000円
変動売上原価：@800円×1,700個
　　　　　　　　＝1,360,000円

Ⅰ．売　上　高：@2,000円×1,700個＝3,400,000円
Ⅱ．変動売上原価：1,360,000円
Ⅲ．変動販売費：@200円×1,700個＝340,000円
Ⅳ．固　　　費：固定製造原価；450,000円
　　　　　　　　固定販売費；100,000円
　　　　　　　　一般管理費；　80,000円
　　　　　　　　　　　　　　630,000円

問3　CVP分析−Ⅰ

(A)　売　上　高：　　960,000円　　販　売　量：　　　384個

(B)　売　上　高：　1,500,000円　　販　売　量：　　　600個

(C)　売　上　高：　1,920,000円　　販　売　量：　　　768個

(D)　安全余裕率：　　23.2%

〈解説〉

(A)　**損益分岐点の売上高と販売量**

売上高をS（円）とする場合

損　益　計　算　書

売　上　高	S
変　動　費	0.4S[*1]
貢　献　利　益	0.6S
固　定　費	576,000[*2]
営　業　利　益	0

*1　変　動　費：@800円＋@200円＝@1,000円
　　変 動 費 率：$\dfrac{@1,000円}{@2,500円}=0.4$
*2　固　定　費：400,000円＋100,000円＋76,000円
　　　　　　　＝576,000円

売上高：0.6S−576,000＝0
　　　　　　　　　　S＝960,000（円）
販売量：960,000円÷@2,500円＝384個

282

販売量をX（個）とする場合

損益計算書	
売　上　高	2,500X
変　動　費	1,000X
貢 献 利 益	1,500X
固　定　費	576,000
営 業 利 益	0

販売量：$1,500X - 576,000 = 0$
$X = 384$（個）
売上高：@2,500円×384個＝960,000円

(B)　**目標営業利益324,000円を達成するための売上高と販売量**

売上高をS（円）とする場合

損益計算書	
売　上　高	S
変　動　費	0.4S
貢 献 利 益	0.6S
固　定　費	576,000
営 業 利 益	324,000

売上高：$0.6S - 576,000 = 324,000$
$S = 1,500,000$（円）
販売量：1,500,000円÷@2,500円＝600個

販売量をX（個）とする場合

損益計算書	
売　上　高	2,500X
変　動　費	1,000X
貢 献 利 益	1,500X
固　定　費	576,000
営 業 利 益	324,000

販売量：$1,500X - 576,000 = 324,000$
$X = 600$（個）
売上高：@2,500円×600個＝1,500,000円

(C)　**目標営業利益率30％を達成するための売上高と販売量**

売上高をS（円）とする場合

損益計算書	
売　上　高	S
変　動　費	0.4S
貢 献 利 益	0.6S
固　定　費	576,000
営 業 利 益	0.3S

売上高：$0.6S - 576,000 = 0.3S$
$S = 1,920,000$（円）
販売量：1,920,000円÷@2,500円＝768個

販売量をX（個）とする場合

損　益　計　算　書

売　上　高	2,500X
変　動　費	1,000X
貢　献　利　益	1,500X
固　定　費	576,000
営　業　利　益	0.3×2,500X

販売量：$1,500X - 576,000 = 0.3 \times 2,500X$

$X = 768$（個）

売上高：@2,500円 × 768個 = 1,920,000円

(D)　**安全余裕率**

$$\frac{1,250,000円 - 960,000円}{1,250,000円} \times 100 = 23.2\%$$

問4　CVP分析－Ⅱ

(A)　直接原価計算の損益計算書

Ⅰ．売　　上　　高		（　3,750,000　）
Ⅱ．変 動 売 上 原 価		（　2,025,000　）
変動製造マージン		（　1,725,000　）
Ⅲ．変 動 販 売 費		（　225,000　）
貢　献　利　益		（　1,500,000　）
Ⅳ．固　　定　　費		
固 定 製 造 原 価	（　700,000　）	
固定販売費および一般管理費	（　230,000　）	（　930,000　）
営　業　利　益		（　570,000　）

(B)　損益分岐点の売上高：　2,325,000円

(C)　売上高営業利益率：　15.2%

(D)　安　全　余　裕　率：　38%

284

〈解説〉

(A) 直接原価計算の損益計算書

変動売上原価

製	品
月初 0個	販売 1,500個 2,025,000円
完成 2,000個 2,700,000円	月末 500個

当月製品製造原価：
直接材料費；1,000,000円
直接労務費； 800,000円
変動製造間接費； 900,000円
　　　　　　　　2,700,000円

変動売上原価：$\dfrac{2,700,000円}{2,000個} \times 1,500個$
　　　　　　 $= 2,025,000円$

Ⅰ．売　上　高：@2,500円×1,500個 ＝ 3,750,000円
Ⅱ．変動売上原価：2,025,000円
Ⅲ．変動販売費：225,000円
Ⅳ．固　定　費：固定製造原価； 　　　700,000円
　　　　　　　　固定販売費・一般管理費；230,000円
　　　　　　　　　　　　　　　　　　　930,000円

(B) 損益分岐点の売上高

売上高をS（円）とする場合

損　益　計　算　書	
売　上　高	S
変　動　費	0.6S*1
貢　献　利　益	0.4S
固　定　費	930,000
営　業　利　益	0

＊1　変　動　費：2,025,000円＋225,000円
　　　　　　　　 ＝ 2,250,000円

変動費率：$\dfrac{2,250,000円}{3,750,000円} = 0.6$

売上高：0.4S － 930,000 ＝ 0
　　　　　　　　 S ＝ 2,325,000（円）

販売量をX（個）とする場合

損　益　計　算　書	
売　上　高	2,500X
変　動　費	1,500X*2
貢　献　利　益	1,000X
固　定　費	930,000
営　業　利　益	0

＊2　製品1個あたりの変動費：
　　　2,250,000円÷1,500個 ＝ @1,500円

販売量：1,000X － 930,000 ＝ 0
　　　　　　　　　 X ＝ 930（個）
売上高：@2,500円×930個 ＝ 2,325,000円

(C) 売上高営業利益率

$\dfrac{570,000円}{3,750,000円} \times 100 = 15.2\%$

⑴ 安全余裕率

$$\frac{3,750,000円 - 2,325,000円}{3,750,000円} \times 100 = 38\%$$

問5 高低点法による原価の分解

(A) 最　大　生　産　量：　　　　　　　　4,800個

　　　最　低　生　産　量：　　　　　　　　3,600個

(B) 製品1個あたりの変動費：＠　　　　　　500円

　　　月　間　の　固　定　費：　　　　1,050,000円

(C) 損　益　分　岐　点　の　売　上　高：　　2,800,000円

〈解説〉

1．高低点法による原価の分解

製品1個あたりの変動費：$\dfrac{3,450,000円 - 2,850,000円}{4,800個 - 3,600個} = @500円$

固　定　費：$3,450,000円 - @500円 \times 4,800個 = 1,050,000円$

または

$2,850,000円 - @500円 \times 3,600個 = 1,050,000円$

2．損益分岐点の売上高

売上高をS（円）とする場合		

損　益　計　算　書	
売　　上　　高	S
変　　動　　費	0.625S*
貢　献　利　益	0.375S
固　　定　　費	1,050,000
営　業　利　益	0

＊　変動費率：$\dfrac{@500円}{@800円} = 0.625$

売上高：$0.375S - 1,050,000 = 0$

$S = 2,800,000$ （円）

販売量をX（個）とする場合		

損　益　計　算　書	
売　　上　　高	800X
変　　動　　費	500X
貢　献　利　益	300X
固　　定　　費	1,050,000
営　業　利　益	0

販売量：$300X - 1,050,000 = 0$

$X = 3,500$ （個）

売上高：$@800円 \times 3,500個 = 2,800,000円$

MEMO

CHAPTER 14

参 考

ここでは、CHAPTER 01からCHAPTER 13の内容のうち、発展的な内容のものについて説明します。試験での出題はあまりなく、また難易度が高い内容のため、余裕がある人だけ読んでおいてください。

1 材料副費の予定計算 (関連テーマ…CHAPTER 02 材料費)

CHAPTER 02で材料費について学習しましたが、ここでは材料副費の処理についてみておきます。

I 材料副費とは

材料副費とは、材料の購入から生産現場への出庫までにかかった付随費用をいい、**外部材料副費**と**内部材料副費**があります。

1 外部材料副費

外部材料副費とは、引取運賃や運送保険料、関税など、材料が倉庫に到着するまでにかかる付随費用をいいます。

2 内部材料副費

内部材料副費とは、検収費や倉庫の保管料など、材料が倉庫に到着してから出庫するまでにかかる付随費用をいいます。

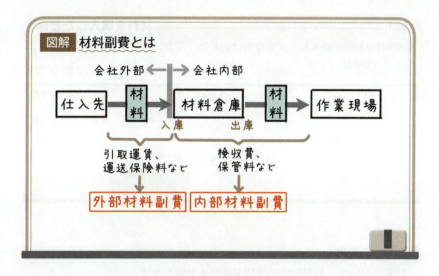

II 材料副費の予定計算

材料副費は、材料の購入原価に含めて処理します。

材料の購入原価＝購入代価＋材料副費

このとき、実際にかかった金額のほか、「材料費の何％」というように、**予定配賦率**を使って計算した金額（予定配賦額）を材料副費とすることもあります。

以下、材料副費を予定配賦率を使って計算している場合の処理についてみてみましょう。

1 材料を購入したとき

材料を購入したときは、材料の購入原価に、予定配賦率を使って計算した材料副費の金額を加算します。

例1 ──────────────── 材料を購入したとき

　材料1,000円を購入し、代金は掛けとした。なお、材料副費は購入代価の2％を予定配賦している。

例1の仕訳	（材　　料）	1,020	（買　掛　金）	1,000
			（材　料　副　費）	20*

　　＊　1,000円×2％＝20円

```
         材 料 副 費
        ┌─────────┐
        │ 予定配賦額 │
        │   20円   │
        └─────────┘
```

2　月末の処理

　月末において、材料副費の実際発生額を計算します。
　そして、予定配賦額と実際発生額との差額を計算し、**材料副費勘定**から**材料副費差異勘定**に振り替えます。

> **ひとこと**
> 材料副費差異の求め方や処理、差異の判定方法は材料消費価格差異のときと同様です。
> 　　　　　　　　　　　　　　　　　　　　　　　🔂Review CH.02 5

例2 ──────────────── 月末の処理

　当月の材料副費の実際発生額は30円であった。なお、材料副費は予定配賦しており、予定配賦額は20円である。

例2の仕訳	（材 料 副 費 差 異）	10*	（材　料　副　費）	10

　　＊　20円−30円＝△10円（不利差異・借方差異）

```
       材 料 副 費              材料副費差異
   ┌──────┬──────┐         ┌──────┐
   │実際発生額│予定配賦額│────→│差異10円│
   │  30円  │  20円  │         └──────┘
   │        ├──────┤
   │        │差異10円│
   └──────┴──────┘
```

290

2 個別原価計算における仕損 (関連テーマ…CHAPTER 05 個別原価計算)

CHAPTER 05では、個別原価計算について学習しました。ここでは個別原価計算における仕損の処理についてみておきます。

I 仕損とは

仕損とは、製品の製造過程で、なんらかの原因によって加工に失敗し、不良品（仕損品）が生じることをいいます。この仕損品を合格品にするためにかかった補修費用を**仕損費**といいます。

II 仕損費の計算

個別原価計算において、仕損品が生じ、補修をするときは、**補修指図書**を発行し、その仕損品の補修にかかった費用を補修指図書に集計します。そして、補修指図書に集計された費用が仕損費となります。

> **ひとこと**
> 要するに、補修にかかった費用が仕損費ということになります。
> なお、仕損費の計算方法には、上記以外もありますが、2級では上記を知っておけば十分です。

III 仕損費の処理

仕損費は、**直接経費**として仕損が生じた製造指図書に賦課します。

例3　　　　　　　　　　　　　　個別原価計算における仕損

次の資料にもとづいて、原価計算表を完成させなさい。

[資　料]
製造指図書No.1の製造中に仕損が生じたので、補修指図書No.1-1を発行して補修した。なお、補修指図書No.1-1に集計された原価は次のとおりである。

　　直接材料費　100円　直接労務費　200円　製造間接費　250円

例3の解答

原　価　計　算　表　（単位：円）

	No.1	No.1-1
直 接 材 料 費	1,500	100
直 接 労 務 費	1,800	200
製 造 間 接 費	2,000	250
小　　　　計	5,300	550
仕　　損　　費	550 ←	△550
合　　　　計	5,850	0
備　　　　考	完成	No.1へ賦課

> **ひとこと**
> 例3では、補修指図書No.1-1に集計された原価が550円なので、この金額が仕損費となります。そして、この仕損費550円を製造指図書No.1に賦課するので、製造指図書No.1に集計された原価は5,850円（5,300円＋550円）となります。

3　製造間接費配賦差異の分析 (関連テーマ…CHAPTER 05 個別原価計算)

CHAPTER 05で製造間接費の予定配賦について学習し、製造間接費配賦差異の処理についてみましたが、ここでは製造間接費配賦差異の分析についてみておきます。

> **ひとこと**
> この項目は、標準原価計算における原価差異の分析を学習したあとに読んだほうがわかりやすいので、CHAPTER 12を学習したあとに読んでください。

製造間接費を予定配賦した場合、製造間接費配賦差異が生じますが、この製造間接費配賦差異は、さらに**予算差異**と**操業度差異**に分けることができます。

1 予算差異

予算差異とは、製造間接費の予算許容額と実際発生額との差額をいいます。

2 操業度差異

操業度差異とは、機械等の生産設備の利用度（操業度）の良否を原因として発生する固定費部分の差異で、実際操業度と基準操業度との差に固定費率（操業度1時間あたりの固定費）を掛けて計算します。

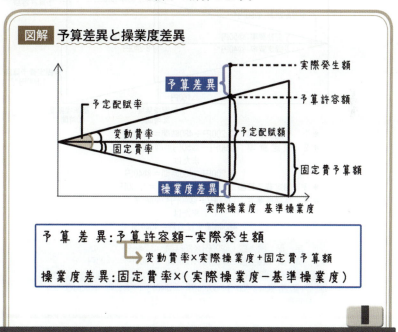

例4　製造間接費配賦差異の分析

次の資料にもとづき、製造間接費配賦差異を計算し、予算差異と操業度差異に分析しなさい。なお、製造間接費は直接作業時間を配賦基準としている。

[資　料]
(1) 公式法変動予算（年間）
　　年間製造間接費予算額：43,200円　　年間固定費予算額：19,200円
　　年間基準操業度：480時間　　　　　　変動費率：@50円
(2) 実際原価データ（当月）
　　製造間接費実際発生額：3,640円　　　実際直接作業時間：36時間

例4の解答　製造間接費配賦差異：**400円（不利差異・借方差異）**
　　　　　　　予　算　差　異：**240円（不利差異・借方差異）**
　　　　　　　操　業　度　差　異：**160円（不利差異・借方差異）**

〈解説〉
年間の数値は月間になおして計算します。

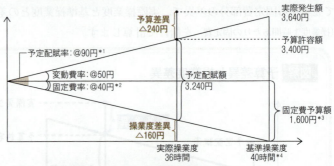

* 1　予定配賦率：43,200円÷480時間＝@90円
* 2　固定費率：@90円－@50円＝@40円
　　　　　　　または
　　　19,200円÷480時間＝@40円
* 3　固定費予算額：19,200円÷12カ月＝1,600円
* 4　基準操業度：1,600円÷@40円＝40時間
　　　　　　　または
　　　480時間÷12カ月＝40時間

予　定　配　賦　額：@90円×36時間＝3,240円
予　算　許　容　額：@50円×36時間＋1,600円＝3,400円
製造間接費配賦差異：3,240円－3,640円＝△400円（不利差異・借方差異）
予　算　差　異：3,400円－3,640円＝△240円（不利差異・借方差異）
操業度差異：@40円×（36時間－40時間）＝△160円（不利差異・借方差異）

> **ひとこと**
> 前記の差異を製造間接費勘定から予算差異勘定および操業度差異勘定に振り替える仕訳は次のようになります。
>
> | （予　算　差　異） | 240 | （製 造 間 接 費） | 400 |
> |---|---|---|---|
> | （操 業 度 差 異） | 160 | | |

4 固定予算による差異分析 （関連テーマ…CHAPTER 12 標準原価計算）

CHAPTER 12で公式法変動予算による場合の差異分析について学習しましたが、ここでは固定予算による場合の差異分析についてみておきます。

Ⅰ 固定予算とは　　　　　　　　　　　　　　　　🔁Review CH.12 ❻

固定予算とは、基準操業度における製造間接費の予算額を設定したら、たとえ実際操業度が基準操業度と異なっていたとしても、基準操業度における予算額を製造間接費の予算額とする方法をいいます。

Ⅱ 固定予算による差異分析

固定予算の場合の差異分析は、基本的には公式法変動予算の場合と同じです。

しかし、固定予算の場合には、予算額を変動費と固定費に分けて設定しないため、操業度差異は固定費率ではなく、標準配賦率を用いて計算することになります。

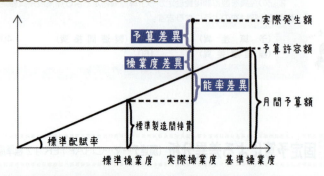

例5 ─────── 固定予算による差異分析

次の資料にもとづき、製造間接費差異を計算し、予算差異、操業度差異、能率差異に分析しなさい。なお、当社は固定予算を採用しており、製造間接費は直接作業時間を配賦基準としている。

［資　料］
(1) 生産データ
　　当月生産量：120個（当月投入完成品換算量）
(2) 標準原価カード（製造間接費のみ）

	標準配賦率	標準直接作業時間	
標準製造間接費	@300円　×	3時間	＝　900円

(3) 固定予算（月間）
　　製造間接費予算額：120,000円
　　基準操業度：400時間（直接作業時間）
(4) 実際原価データ（月間）
　　製造間接費実際発生額：117,500円　　実際直接作業時間：365時間

例5の解答　製造間接費差異：9,500円（不利差異・借方差異）
　　　　　　予　算　差　異：2,500円（有利差異・貸方差異）
　　　　　　操　業　度　差　異：10,500円（不利差異・借方差異）
　　　　　　能　率　差　異：1,500円（不利差異・借方差異）

〈解説〉

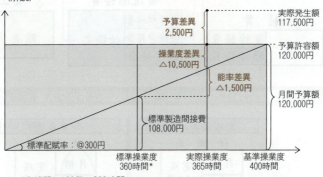

＊　3時間×120個＝360時間

標準製造間接費：＠300円×360時間＝108,000円
予算許容額：120,000円（月間予算額）
製造間接費差異：108,000円－117,500円＝△9,500円（不利差異・借方差異）
　予　算　差　異：120,000円－117,500円＝2,500円（有利差異・貸方差異）
　操業度差異：＠300円×（365時間－400時間）＝△10,500円（不利差異・借方差異）
　能　率　差　異：＠300円×（360時間－365時間）＝△1,500円（不利差異・借方差異）

補助資料

このテキストで学習したポイントの超まとめです

1. 工業簿記における勘定の流れ　　…CHAPTER 01 4

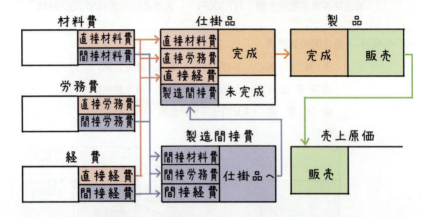

2. 総合原価計算における仕損・減損の処理とボックス図　…CHAPTER 09 1

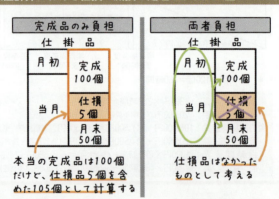

3. 総合原価計算における材料の追加投入　　…CHAPTER 09 2

① 月末仕掛品の加工進捗度（例：60%）＜追加投入点（例：100%）の場合
　→追加材料費はすべて完成品の原価
② 追加投入点（例：0%）＜月末仕掛品の加工進捗度（例：60%）の場合
　→追加材料費は完成品と月末仕掛品で按分
③ 工程を通じて平均的に材料を追加投入する場合
　→加工費と同様に、完成品換算量を用いて計算

4. 標準原価計算の原価差異の分析図　　…CHAPTER 12 ⑥

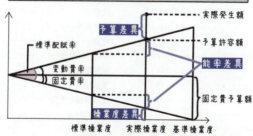

5. 直接原価計算の損益計算書　　…CHAPTER 13 ②

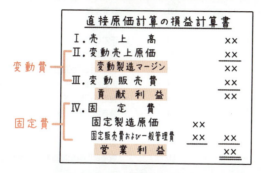

索 引

ア 行

安全余裕率‥‥‥‥‥‥‥‥‥‥ 266
異常減損‥‥‥‥‥‥‥‥‥‥‥ 148
異常仕損‥‥‥‥‥‥‥‥‥‥‥ 148

カ 行

買入部品費‥‥‥‥‥‥‥‥‥‥ 15
外注加工賃‥‥‥‥‥‥‥‥‥‥ 53
外部材料副費‥‥‥‥‥‥‥‥ 288
価格差異‥‥‥‥‥‥‥‥‥‥ 220
加工進捗度‥‥‥‥‥‥‥‥‥ 111
加工費‥‥‥‥‥‥‥‥‥‥‥ 110
貸方差異‥‥‥‥‥‥‥‥‥‥‥ 29
借方差異‥‥‥‥‥‥‥‥‥‥‥ 29
完成品換算量‥‥‥‥‥‥‥‥ 111
完成品総合原価‥‥‥‥‥‥‥ 107
完成品単位原価‥‥‥‥‥‥‥ 107
完成品のみ負担‥‥‥‥‥‥‥ 148
間接経費‥‥‥‥‥‥‥‥‥‥‥ 53
間接工‥‥‥‥‥‥‥‥‥‥‥‥ 39
間接材料費‥‥‥‥‥‥‥‥‥‥ 16
間接労務費‥‥‥‥‥‥‥‥‥‥ 40
基準操業度‥‥‥‥‥‥‥‥‥‥ 70
給料‥‥‥‥‥‥‥‥‥‥‥‥‥ 40
組間接費‥‥‥‥‥‥‥‥‥‥ 131
組直接費‥‥‥‥‥‥‥‥‥‥ 131
組別総合原価計算‥‥‥‥‥‥ 130
継続記録法‥‥‥‥‥‥‥‥‥‥ 21
経費‥‥‥‥‥‥‥‥‥‥‥‥‥ 53
月末仕掛品‥‥‥‥‥‥‥‥‥ 107
原価‥‥‥‥‥‥‥‥‥‥‥‥‥ 6
原価計算‥‥‥‥‥‥‥‥‥‥‥ 6
原価計算期間‥‥‥‥‥‥‥‥‥ 6
原価計算表‥‥‥‥‥‥‥‥‥‥ 61
原価標準‥‥‥‥‥‥‥‥‥‥ 211
減損‥‥‥‥‥‥‥‥‥‥‥‥ 147

工員‥‥‥‥‥‥‥‥‥‥‥‥‥ 39
工業簿記‥‥‥‥‥‥‥‥‥‥‥ 5
貢献利益率‥‥‥‥‥‥‥‥‥ 255
公式法変動予算‥‥‥‥‥‥‥ 228
工場消耗品費‥‥‥‥‥‥‥‥‥ 15
高低点法‥‥‥‥‥‥‥‥‥‥ 268
工程別総合原価計算‥‥‥‥‥ 125
固定費‥‥‥‥‥‥‥‥‥‥‥ 243
固定費調整‥‥‥‥‥‥‥‥‥ 251
固定費能率差異‥‥‥‥‥‥‥ 231
固定費率‥‥‥‥‥‥‥‥‥‥ 230
固定予算‥‥‥‥‥‥‥‥‥‥ 227
個別原価計算‥‥‥‥‥‥‥‥‥ 61

サ 行

材料消費価格差異‥‥‥‥‥‥‥ 27
材料費‥‥‥‥‥‥‥‥‥‥‥‥ 15
材料副費‥‥‥‥‥‥‥‥ 17, 288
先入先出法‥‥‥‥‥‥‥ 19, 115
CVP分析‥‥‥‥‥‥‥‥‥‥ 255
仕掛品‥‥‥‥‥‥‥‥‥‥‥‥ 6
時間差異‥‥‥‥‥‥‥‥‥‥ 224
仕損‥‥‥‥‥‥‥‥‥‥ 147, 291
実際原価計算‥‥‥‥‥‥‥‥ 209
実際配賦‥‥‥‥‥‥‥‥‥‥‥ 69
支払経費‥‥‥‥‥‥‥‥‥‥‥ 54
従業員賞与手当‥‥‥‥‥‥‥‥ 40
主要材料費‥‥‥‥‥‥‥‥‥‥ 15
商業簿記‥‥‥‥‥‥‥‥‥‥‥ 5
消費賃率‥‥‥‥‥‥‥‥‥‥‥ 44
消耗工具器具備品費‥‥‥‥‥‥ 15
シングル・プラン‥‥‥‥‥‥ 219
数量差異‥‥‥‥‥‥‥‥‥‥ 220
正常減損‥‥‥‥‥‥‥‥‥‥ 148
正常仕損‥‥‥‥‥‥‥‥‥‥ 148
製造間接費‥‥‥‥‥‥‥‥‥‥ 9
製造間接費配賦差異‥‥‥‥‥‥ 71
製造原価‥‥‥‥‥‥‥‥‥‥‥ 7
製造原価報告書‥‥‥‥‥‥‥ 185
製造指図書‥‥‥‥‥‥‥‥‥‥ 61
製造直接費‥‥‥‥‥‥‥‥‥‥ 9
製造部門‥‥‥‥‥‥‥‥‥‥‥ 82
製造部門費配賦差異‥‥‥‥‥‥ 97

300

積数	135
前工程費	126
全部原価計算	244
操業度差異	230
総原価	7
総合原価計算	107
相互配賦法	90
測定経費	54
損益分岐点の売上高	257

タ行

退職給付費用	40
棚卸計算法	22
棚卸減耗費	23
単純個別原価計算	81
単純総合原価計算	107
直接経費	53
直接原価計算	244
直接工	39
直接材料費	16
直接材料費差異	220
直接配賦法	87
直接労務費	40
直接労務費差異	223
直課	63
賃金	40
賃率差異	46, 223
月割経費	54
等価係数	135
等級別総合原価計算	134
特許権使用料	53

ナ行

内部材料副費	288
能率差異	231

ハ行

パーシャル・プラン	218
配賦	63

配賦基準	64
発生経費	54
非原価項目	8
費目別精査法	270
標準原価計算	209
賦課	63
部門共通費	85
部門個別費	84
部門別個別原価計算	81
不利差異	29
平均法	20, 117
変動費	243
変動費能率差異	231
変動費率	228, 255
変動予算	227
法定福利費	40
補助材料費	15
補助部門	82

マ行

目標営業利益率	263

ヤ行

有利差異	29
予算許容額	228
予算差異	229
予定消費単価	25
予定賃率	46
予定配賦	69
予定配賦率	69

ラ行

両者負担	151
累加法	126
労務費	39

【著者】
滝澤ななみ（たきざわ・ななみ）

簿記、ＦＰ、宅建士など多くの資格書を執筆している。主な著書は『スッキリわかる日商簿記』１～３級（14年連続全国チェーン売上第１位※1）、『みんなが欲しかった！簿記の教科書・問題集』日商２・３級、『みんなが欲しかった！ＦＰの教科書』２・３級（９年連続売上第１位※2）、『みんなが欲しかった！ＦＰの問題集』２・３級など。

※１　紀伊國屋書店PubLine/くまざわ書店全店/三省堂書店/丸善ジュンク堂書店/
　　　未来屋書店　2009年1月～2022年12月（各社調べ、50音順）
※２　紀伊國屋書店PubLine調べ　2014年１月～2022年12月

〈ホームページ〉『滝澤ななみのすすめ！』
著者が運営する簿記・ＦＰ・宅建士に関する情報サイト。
ネット試験対応の練習問題も掲載しています。
URL：https://takizawananami-susume.jp/

・装丁：Malpu Design／装画：matsu（マツモト　ナオコ）

みんなが欲しかったシリーズ

みんなが欲しかった！
簿記の教科書　日商２級　工業簿記　第８版

2012年３月８日　初　　版　第１刷発行
2023年３月１日　第８版　第１刷発行
2023年４月13日　　　　　第２刷発行

　　　　　　　　　　著　　者　滝　澤　な　な　み
　　　　　　　　　　発　行　者　多　田　敏　男
　　　　　　　　　　発　行　所　ＴＡＣ株式会社　出版事業部
　　　　　　　　　　　　　　　　　　　　　　　　（ＴＡＣ出版）
　　　　　　　　　　　　　　　〒101-8383
　　　　　　　　　　　　　　　東京都千代田区神田三崎町3-2-18
　　　　　　　　　　　　　　　電話　03（5276）9492（営業）
　　　　　　　　　　　　　　　FAX　03（5276）9674
　　　　　　　　　　　　　　　https://shuppan.tac-school.co.jp

　　　　　　　　　　組　　版　有限会社　マーリンクレイン
　　　　　　　　　　印　　刷　株式会社　光　　　邦
　　　　　　　　　　製　　本　東京美術紙工協業組合

© Nanami Takizawa 2023　　Printed in Japan　　ISBN 978-4-300-10481-1
　　　　　　　　　　　　　　　　　　　　　　　　NDC. 336

本書は、「著作権法」によって、著作権等の権利が保護されている著作物です。本書の全部または一部につき、無断で転載、複写されると、著作権等の権利侵害となります。上記のような使い方をされる場合、および本書を使用して講義・セミナー等を実施する場合には、小社宛許諾を求めてください。

乱丁・落丁による交換、および正誤のお問合せ対応は、該当書籍の改訂版刊行月末日までといたします。なお、交換につきましては、書籍の在庫状況等により、お受けできない場合もございます。また、各種本試験の実施の延期、中止を理由とした本書の返品はお受けいたしません。返金もいたしかねますので、あらかじめご了承くださいますようお願い申し上げます。

簿記検定講座のご案内

選べる学習メディアでご自身に合うスタイルでご受講ください！

通学講座
3級コース | 3・2級コース | 2級コース | 1級コース | 1級上級・アドバンスコース

教室講座 （通って学ぶ）
定期的な日程で通学する学習スタイル。常に講師と接することができるという教室講座の最大のメリットがありますので、疑問点はその日のうちに解決できます。また、勉強仲間との情報交換も積極的に行えるのが特徴です。

ビデオブース講座 （通って学ぶ／予約制）
ご自身のスケジュールに合わせて、TACのビデオブースで学習するスタイル。日程を自由に設定できるため、忙しい社会人に人気の講座です。

直前期教室出席制度
直前期以降、教室受講に振り替えることができます。

無料体験入学
ご自身の目で、耳で体験し納得してご入学いただくために、無料体験入学をご用意しました。

無料講座説明会
もっとTACのことを知りたいという方は、無料講座説明会にご参加ください。

※ビデオブース講座の無料体験入学は要予約。
無料講座説明会は一部校舎では要予約。

通信講座
3級コース | 3・2級コース | 2級コース | 1級コース | 1級上級・アドバンスコース

Web通信講座 （スマホやタブレットにも対応／見て学ぶ）
教室講座の生講義をブロードバンドを利用し動画で配信します。ご自身のペースに合わせて、24時間いつでも何度でも繰り返し受講することができます。また、講義動画はダウンロードして2週間視聴可能です。有効期間内は何度でもダウンロード可能です。
※Web通信講座の配信期間は、お申込コースの目標月の翌月末までです。

WEB SCHOOL ホームページ
URL https://portal.tac-school.co.jp/
※お申込み前に、左記のサイトにて必ず動作環境をご確認ください。

DVD通信講座 （見て学ぶ）
講義を収録したデジタル映像をご自宅にお届けします。講義の臨場感をクリアな画像でご自宅にて再現することができます。

※DVD-Rメディア対応のDVDプレーヤーでのみ受講が可能です。パソコン・ゲーム機での動作保証はいたしておりません。

資料通信講座（1級のみ）
テキスト・添削問題を中心として学習します。

Webでも無料配信中！ （スマホ・タブレット／パソコン）
「TAC動画チャンネル」

- 講座説明会 ※収録内容の変更のため、配信されない期間が生じる場合がございます。
- 1回目の講義（前半分）が視聴できます

詳しくは、TACホームページ
「TAC動画チャンネル」をクリック！

| TAC動画チャンネル 簿記 | 検索 |

コースの詳細は、簿記検定講座パンフレット・TACホームページをご覧ください。

パンフレットのご請求・お問い合わせは、TACカスタマーセンターまで

通話無料 0120-509-117 （ゴウカク イイナ）

受付時間 月～金 9:30～19:00　土・日・祝 9:30～18:00
※携帯電話からもご利用になれます。

TAC簿記検定講座ホームページ
| TAC 簿記 | 検索 |

資格の学校

簿記検定講座

お手持ちの教材がそのまま使用可能！
【テキストなしコース】のご案内

TAC簿記検定講座のカリキュラムは市販の教材を使用しておりますので、こちらのテキストを使ってそのまま受講することができます。独学では分かりにくかった論点や本試験対策も、TAC講師の詳しい解説で理解度も120％UP！本試験合格に必要なアウトプット力が身につきます。独学との差を体感してください。

左記の各メディアが【テキストなしコース】でお得に受講可能！

こんな人にオススメ！
- テキストにした書き込みをそのまま活かしたい！
- これ以上テキストを増やしたくない！
- とにかく受講料を安く抑えたい！

※お申込前に必ずお手持ちのバージョンをご確認ください。場合によっては最新のものに買い直していただくことがございます。詳細はお問い合わせください。

お手持ちの教材をフル活用!!

合格テキスト

合格トレーニング

会計業界への就職・転職支援サービス

TACの100%出資子会社であるTACプロフェッションバンク（TPB）は、会計・税務分野に特化した転職エージェントです。勉強された知識とご希望に合ったお仕事を一緒に探しませんか？ 相談だけでも大歓迎です！ どうぞお気軽にご利用ください。

人材コンサルタントが無料でサポート

Step1 相談受付 完全予約制です。HPからご登録いただくか、各オフィスまでお電話ください。

Step2 面談 ご経験やご希望をお聞かせください。あなたの将来について一緒に考えましょう。

Step3 情報提供 ご希望に適うお仕事があれば、その場でご紹介します。強制はいたしませんのでご安心ください。

正社員で働く
- 安定した収入を得たい
- キャリアプランについて相談したい
- 面接日程や入社時期などの調整をしてほしい
- 今就職すべきか、勉強を優先すべきか迷っている
- 職場の雰囲気など、求人票でわからない情報がほしい

TACキャリアエージェント
https://www.tacnavi.com/

派遣で働く（関東のみ）
- 勉強を優先して働きたい
- 将来のために実務経験を積んでおきたい
- まずは色々な職場や職種を経験したい
- 家庭との両立を第一に考えたい
- 就業環境を確認してから正社員で働きたい

TACの経理・会計派遣
https://www.tacnavi.com/haken/

※ご経験やご希望内容によってはご支援が難しい場合がございます。予めご了承ください。　※面談時間は原則お一人様30分とさせていただきます。

自分のペースでじっくりチョイス

正社員 アルバイトで働く
- 自分の好きなタイミングで就職活動をしたい
- どんな求人案件があるのか見たい
- 企業からのスカウトを待ちたい
- WEB上で応募管理をしたい

Webで

TACキャリアナビ
https://www.tacnavi.com/kyujin/

就職・転職・派遣就労の強制は一切いたしません。会計業界への就職・転職を希望される方への無料支援サービスです。どうぞお気軽にお問い合わせください。

 TACプロフェッションバンク

■ 有料職業紹介事業　許可番号13-ユ-010678
■ 一般労働者派遣事業　許可番号（派）13-010932

東京オフィス
〒101-0051
東京都千代田区神田神保町1-103 東京パークタワー2F
TEL.03-3518-6775

大阪オフィス
〒530-0013
大阪府大阪市北区茶屋町6-20 吉田茶屋町ビル5F
TEL.06-6371-5851

名古屋 登録会場
〒453-0014
愛知県名古屋市中村区則武1-1-7 NEWNO 名古屋駅西8F
TEL.0120-757-655

2022年4月現在

TAC出版の書籍をご利用の皆様

日商簿記 3級 2級 ネット試験の受験なら
TACテストセンターの受験がおススメ！

資格の学校TACの校舎は「CBTテストセンター」を併設しており、日商簿記検定試験のネット試験をはじめ、各種CBT試験を受験することができます。
TACの校舎は公共交通機関の駅などからも近く、アクセスが非常に容易です。またテストセンター設置にあたり、「3つのコダワリ」をもち、皆さんが受験に集中できるように心掛けております。

TACのコンピューターブースなら受験に集中できます！

TACテストセンターでの受験は、日商簿記ネット試験の受験申込手続時に、TACの校舎をご選択いただくだけです。ぜひお近くのTACテストセンターをご利用ください！

3つのコダワリ

1. 明るく清潔で安心感がある会場
2. 静かで周囲が気にならないコンピューターブース
3. メモなども取りやすい余裕のデスクスペース

TACテストセンター
利用者アンケート実施中！

毎月抽選で10名様に
¥5,000分 選べるe-GIFT
当たります!!

＊アンケートは毎月月末にて締め切り、抽選を行います。
当選された方には、アンケートの際にご入力いただいたメールアドレスあてに
「選べるe-GIFT」の当選情報をお送りします。
＊「選べるe-GIFT」の詳細については、https://www.anatc-gift.com/use/のページでご確認ください。

全国のTACテストセンターのご案内

現在、TACのテストセンターは以下の校舎に設置され、受験環境が整った「受験に集中できる会場」が増えています。

- ●札幌校　●仙台校　●水道橋校★　●早稲田校★　●新宿校★
- ●渋谷校★　●池袋校　●八重洲校　●立川校　●中大駅前校★
- ●町田校　●横浜校　●大宮校　●津田沼校　●名古屋校★
- ●京都校　●梅田校★　●なんば校　●神戸校
- ●広島校　●福岡校★

＊日商簿記試験の受験申込手続等につきましては、日本商工会議所の「商工会議所の検定試験」ページをご参照ください。
＊定員に達するなどといった事情により、希望校舎での受験ができない場合がございます。あらかじめご了承ください。
★の印がついている校舎では現在日商簿記試験は実施しておりません。

TACで受験可能なCBT試験の一部をご紹介

- ✣日商簿記（3級・2級）
- ✣経理・財務スキル検定（FASS）
- ✣財務報告実務検定
- ✣IPO実務検定
- ✣企業経営アドバイザー
- ✣経営学検定（マネジメント検定）＊一部
- ✣PRプランナー資格認定検定試験
- ✣マーケティング検定
- ✣年金検定2級
- ✣相続検定2級
- ✣秘書技能検定
- ✣ITコーディネータ試験　など

各資格・検定の受講相談はお気軽に

●お電話でのご相談
0120-443-411（通話無料）
受付時間　月～金・土・日・祝 10:00～17:00

●インターネットでのご相談
https://www.tac-school.co.jp/soudan02.html
メールで相談　TAC

2022年5月現在

TAC出版 書籍のご案内

TAC出版では、資格の学校TAC各講座の定評ある執筆陣による資格試験の参考書をはじめ、資格取得者の開業法や仕事術、実務書、ビジネス書、一般書などを発行しています！

TAC出版の書籍
*一部書籍は、早稲田経営出版のブランドにて刊行しております。

資格・検定試験の受験対策書籍

- 日商簿記検定
- 建設業経理士
- 全経簿記上級
- 税理士
- 公認会計士
- 社会保険労務士
- 中小企業診断士
- 証券アナリスト
- ファイナンシャルプランナー(FP)
- 証券外務員
- 貸金業務取扱主任者
- 不動産鑑定士
- 宅地建物取引士
- 賃貸不動産経営管理士
- マンション管理士
- 管理業務主任者
- 司法書士
- 行政書士
- 司法試験
- 弁理士
- 公務員試験(大卒程度・高卒者)
- 情報処理試験
- 介護福祉士
- ケアマネジャー
- 社会福祉士　ほか

実務書・ビジネス書

- 会計実務、税法、税務、経理
- 総務、労務、人事
- ビジネススキル、マナー、就職、自己啓発
- 資格取得者の開業法、仕事術、営業術
- 翻訳ビジネス書

一般書・エンタメ書

- ファッション
- エッセイ、レシピ
- スポーツ
- 旅行ガイド (おとな旅プレミアム/ハルカナ)
- 翻訳小説

(2021年7月現在)

書籍のご購入は

1 全国の書店、大学生協、ネット書店で

2 TAC各校の書籍コーナーで

資格の学校TACの校舎は全国に展開！
校舎のご確認はホームページにて

資格の学校TAC ホームページ
https://www.tac-school.co.jp

3 TAC出版書籍販売サイトで

CYBER TAC出版書籍販売サイト
BOOK STORE

TAC出版 で 検索

24時間
ご注文
受付中

https://bookstore.tac-school.co.jp/

- 新刊情報を いち早くチェック！
- たっぷり読める 立ち読み機能
- 学習お役立ちの 特設ページも充実！

TAC出版書籍販売サイト「サイバーブックストア」では、TAC出版および早稲田経営出版から刊行されている、すべての最新書籍をお取り扱いしています。

また、無料の会員登録をしていただくことで、会員様限定キャンペーンのほか、送料無料サービス、メールマガジン配信サービス、マイページのご利用など、うれしい特典がたくさん受けられます。

サイバーブックストア会員は、特典がいっぱい！(一部抜粋)

通常、1万円(税込)未満のご注文につきましては、送料・手数料として500円(全国一律・税込)頂戴しておりますが、1冊から無料となります。

専用の「マイページ」は、「購入履歴・配送状況の確認」のほか、「ほしいものリスト」や「マイフォルダ」など、便利な機能が満載です。

メールマガジンでは、キャンペーンやおすすめ書籍、新刊情報のほか、「電子ブック版TACNEWS(ダイジェスト版)」をお届けします。

書籍の発売を、販売開始当日にメールにてお知らせします。これなら買い忘れの心配もありません。

日商簿記検定試験対策書籍のご案内

TAC出版の日商簿記検定試験対策書籍は、学習の各段階に対応していますので、あなたのステップに応じて、合格に向けてご活用ください!

3タイプのインプット教材

1

簿記を専門的な知識にしていきたい方向け

● 満点合格を目指し次の級への土台を築く

「合格テキスト」

「合格トレーニング」

- 大判のB5判、3級〜1級累計300万部超の、信頼の定番テキスト&トレーニング! TACの教室でも使用している公式テキストです。3級のみオールカラー。
- 出題論点はすべて網羅しているので、簿記をきちんと学んでいきたい方にぴったりです!
- ◆3級 □2級 商簿、2級 工簿 ■1級 商・会 各3点、1級 工・原 各3点

2

スタンダードにメリハリつけて学びたい方向け

● 教室講義のようなわかりやすさでしっかり学べる

「簿記の教科書」

「簿記の問題集」

滝澤 ななみ 著

- A5判、4色オールカラーのテキスト(2級・3級のみ)&模擬試験つき問題集!
- 豊富な図解と実例つきのわかりやすい説明で、もうモヤモヤしない!!
- ◆3級 □2級 商簿、2級 工簿 ■1級 商・会 各3点、1級 工・原 各3点

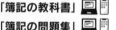

『簿記の教科書DVD』
- 「簿記の教科書」3、2級の準拠DVD。わかりやすい解説で、合格力が短時間で身につきます!
- ◆3級 □2級 商簿、2級 工簿

3

気軽に始めて、早く全体像をつかみたい方向け

● 初学者でも楽しく続けられる!

「スッキリわかる」

テキスト/問題集一体型

滝澤 ななみ 著 (1級は商・会のみ)

- 小型のA5判によるテキスト/問題集一体型。これ一冊でOKの、圧倒的に人気の教材です。
- 豊富なイラストとわかりやすいレイアウト! かわいいキャラの「ゴエモン」と一緒に楽しく学べます。
- ◆3級 □2級 商簿、2級 工簿 ■1級 商・会 4点、1級 工・原 4点

シリーズ待望の問題集が誕生!

「スッキリとける本試験予想問題集」

滝澤 ななみ 監修 TAC出版開発グループ 編著

- 本試験タイプの予想問題9回分を掲載
- ◆3級 □2級

『スッキリわかる 講義DVD』
- 「スッキリわかる」3、2級の準拠DVD。超短時間でも要点はのがさず解説。3級10時間、2級14時間+10時間で合格へひとっとび。
- ◆3級 □2級 商簿、2級 工簿

TAC出版

コンセプト問題集

● 得点力をつける！
『みんなが欲しかった！ やさしすぎる解き方の本』

B5判　滝澤 ななみ 著
- 授業で解き方を教わっているような新感覚問題集。再受験にも有効。
◆3級　□2級

本試験対策問題集

● 本試験タイプの問題集
『合格するための本試験問題集』
(1級は過去問題集)
B5判
- 12回分(1級は14回分)の問題を収載。ていねいな「解答への道」、各問対策が充実。
◆3級　□2級　■1級

● 知識のヌケをなくす！
『まるっと完全予想問題集』
(1級は網羅型完全予想問題集)
A4判
- オリジナル予想問題(3級10回分、2級12回分、1級8回分)で本試験の重要出題パターンを網羅。
- 実力養成にも直前の本試験対策にも有効。
◆3級　□2級　■1級

直前予想

『ネット試験と
第○回をあてる
TAC予想模試
＋解き方テキスト』
(1級は直前予想模試)
A4判
- TAC講師陣による4回分の予想問題で最終仕上げ。
- 2級・3級は、第1部解き方テキスト編、第2部予想問題編の2部構成。
- 年3回(1級は年2回)、各試験に向けて発行します。
◆3級　□2級　■1級

あなたに合った合格メソッドをもう一冊！

仕訳　『究極の仕訳集』
B6変型判
- 悩む仕訳をスッキリ整理。ハンディサイズ、一問一答式で基本の仕訳を一気に覚える。
◆3級　□2級

仕訳　『究極の計算と仕訳集』
B6変型判　境 浩一朗 著
- 1級商会で覚えるべき計算と仕訳がすべてつまった1冊！
■1級 商・会

理論　『究極の会計学理論集』
B6変型判
- 会計学の理論問題を論点別に整理、手軽なサイズが便利です。
■1級 商・会、全経上級

電卓　『カンタン電卓操作術』
A5変型判　TAC電卓研究会 編
- 実践的な電卓の操作方法について、丁寧に説明します！

:ネット試験の演習ができる模擬試験プログラムつき(2級・3級)

:スマホで使える仕訳Webアプリつき(2級・3級)

・2023年2月現在　・刊行内容、表紙等は変更することがあります　・とくに記述がある商品以外は、TAC簿記検定講座編です

書籍の正誤に関するご確認とお問合せについて

書籍の記載内容に誤りではないかと思われる箇所がございましたら、以下の手順にてご確認とお問合せをしてくださいますよう、お願い申し上げます。

なお、正誤のお問合せ以外の**書籍内容に関する解説および受験指導などは、一切行っておりません。**
そのようなお問合せにつきましては、お答えいたしかねますので、あらかじめご了承ください。

1 「Cyber Book Store」にて正誤表を確認する

TAC出版書籍販売サイト「Cyber Book Store」の
トップページ内「正誤表」コーナーにて、正誤表をご確認ください。

CYBER TAC出版書籍販売サイト
BOOK STORE

URL:https://bookstore.tac-school.co.jp/

2 1の正誤表がない、あるいは正誤表に該当箇所の記載がない ⇒ 下記①、②のどちらかの方法で文書にて問合せをする

★ご注意ください★

お電話でのお問合せは、お受けいたしません。
①、②のどちらの方法でも、お問合せの際には、「お名前」とともに、
「対象の書籍名(○級・第○回対策も含む)およびその版数(第○版・○○年度版など)」
「お問合せ該当箇所の頁数と行数」
「誤りと思われる記載」
「正しいとお考えになる記載とその根拠」
を明記してください。
なお、回答までに1週間前後を要する場合もございます。あらかじめご了承ください。

① ウェブページ「Cyber Book Store」内の「お問合せフォーム」より問合せをする

【お問合せフォームアドレス】

https://bookstore.tac-school.co.jp/inquiry/

② メールにより問合せをする

【メール宛先　TAC出版】

syuppan-h@tac-school.co.jp

※土日祝日はお問合せ対応をおこなっておりません。
※正誤のお問合せ対応は、該当書籍の改訂版刊行月末日までといたします。

乱丁・落丁による交換は、該当書籍の改訂版刊行月末日までといたします。なお、書籍の在庫状況等により、お受けできない場合もございます。
また、各種本試験の実施の延期、中止を理由とした本書の返品はお受けいたしません。返金もいたしかねますので、あらかじめご了承くださいますようお願い申し上げます。

TACにおける個人情報の取り扱いについて
■お預かりした個人情報は、TAC(株)で管理させていただき、お問合せへの対応、当社の記録保管にのみ利用いたします。お客様の同意なしに業務委託先以外の第三者に開示、提供することはございません(法令等により開示を求められた場合を除く)。その他、個人情報保護管理者、お預かりした個人情報の開示等及びTAC(株)への個人情報の提供の任意性については、当社ホームページ(https://www.tac-school.co.jp)をご覧いただくか、個人情報に関するお問い合わせ窓口(E-mail:privacy@tac-school.co.jp)までお問合せください。

(2022年7月現在)

簿記の教科書　日商2級　工業簿記

別　冊

○SIWAKE-31　〜仕訳31〜
○基本問題解答用紙

　この冊子には、重要仕訳を集めた「SIWAKE-31 〜仕訳31〜」と、基本問題（解答用紙あり の問題）の解答用紙がとじこまれています。

---〈別冊ご利用時の注意〉---
この色紙を残したまま冊子をていねいに抜き取り、ご利用ください。
また、抜き取りのさいの損傷についてのお取替えはご遠慮願います。

別冊の使い方

Step ❶ この色紙を残したまま、ていねいに抜き取ってください。色紙は、本体からとれませんので、ご注意ください。

Step ❷ 抜き取った用紙を針金のついているページでしっかりと開き、工具を使用して、針金を外してください。針金で負傷しないよう、お気をつけください。

Step ❸ アイテムごとに分けて、お使いください。

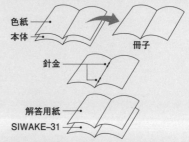

SIWAKE-31
～仕訳31～

教科書の中で登場する重要な仕訳を集めました。
試験直前の復習に活用してください。

1 材料費の処理
CHAPTER 02

材料1,000円を仕入れ、代金は掛けとした。なお、引取運賃100円は現金で支払った。

（材 料）	1,100 *	（買 掛 金）	1,000
		（現 金）	100

＊　1,000円＋100円＝1,100円

2 材料費の処理
CHAPTER 02

先日掛けで仕入れた材料のうち、20円を品違いのため返品した。

（買 掛 金）	20	（材 料）	20

3 材料費の処理
CHAPTER 02

材料500円を消費した。このうち300円は直接材料費で、200円は間接材料費である。

（仕 掛 品）	300	（材 料）	500
（製 造 間 接 費）	200		

4 材料の棚卸減耗
CHAPTER 02

月末における材料の帳簿棚卸数量は10個（消費単価は＠120円）、実地棚卸数量は8個であった。この棚卸減耗は正常な範囲内のものである。

（製 造 間 接 費）	240 *	（材 料）	240

＊　＠120円×（10個－8個）＝240円

2

5 予定消費単価を用いた場合の処理
CHAPTER 02

当月に材料50個を直接材料として消費した。なお、予定消費単価は@110円である。

（仕　掛　品）	5,500 *	（材　料）	5,500

* @110円×50個＝5,500円

6 予定消費単価を用いた場合の処理
CHAPTER 02

当月の直接材料費の実際消費額は6,000円であった。なお、材料の消費時に予定消費単価@110円を用いて計算しており、当月の材料の実際消費量は50個である。

（材料消費価格差異）	500 *	（材　料）	500

* 予定消費額：@110円×50個＝5,500円
  材料消費価格差異：6,000円－5,500円＝500円

7 予定消費単価を用いた場合の処理
CHAPTER 02

当月の直接材料費の実際消費額は5,250円であった。なお、材料の消費時に予定消費単価@110円を用いて計算しており、当月の材料の実際消費量は50個である。

（材　料）	250	（材料消費価格差異）	250 *

* 予定消費額：@110円×50個＝5,500円
  材料消費価格差異：5,500円－5,250円＝250円

8 予定消費単価を用いた場合の処理
CHAPTER 02

材料消費価格差異勘定の残高500円（借方残高）を売上原価勘定に振り替える。

（売　上　原　価）	500	（材料消費価格差異）	500

付録：SIWAKE-31

| 9 | 予定消費単価を用いた場合の処理 | | CHAPTER 02 |

材料消費価格差異勘定の残高250円（貸方残高）を売上原価勘定に振り替える。

| （材料消費価格差異） | 250 | （売　上　原　価） | 250 |

| 10 | 賃金・給料を支払ったとき | | CHAPTER 03 |

当月の賃金支給額1,000円から源泉所得税100円を控除した残額を現金で支払った。

| （賃　　　　　金） | 1,000 | （預　　り　　金） | 100 |
| | | （現　　　　　金） | 900 |

| 11 | 賃金・給料を消費したとき | | CHAPTER 03 |

当月の直接工の賃金消費額を計上する。当月の直接工の賃金消費額は1,100円、実際作業時間は100時間（直接作業時間80時間、間接作業時間20時間）である。

| （仕　　掛　　品） | 880[*1] | （賃　　　　　金） | 1,100 |
| （製　造　間　接　費） | 220[*2] | | |

*1　消費賃率：1,100円÷100時間＝@11円
　　直接作業賃金：@11円×80時間＝880円
*2　間接作業賃金：@11円×20時間＝220円

4

12 賃金・給料を消費したとき

CHAPTER 03

次の間接工の賃金と事務職員の給料に関する資料にもとづいて、当月の賃金等の消費額を計上した。

	当月支給額	当月未払額	前月未払額
間接工の賃金	500円	50円	30円
事務職員の給料	200円	10円	20円

（製 造 間 接 費）	710	（賃　　　　金）	520*1
		（給　　　　料）	190*2

＊1　間接工賃金の当月消費額：500円＋50円－30円＝520円
＊2　事務職員給料の当月消費額：200円＋10円－20円＝190円

13 予定賃率を用いた場合の処理

CHAPTER 03

当月の直接工の賃金消費額を予定賃率（@10円）をもって計上する。当月の直接工の実際作業時間は80時間（すべて直接作業分）である。

（仕　　掛　　品）	800*	（賃　　　　金）	800

＊　@10円×80時間＝800円

14 予定賃率を用いた場合の処理

CHAPTER 03

当月における直接工の賃金の実際消費額は880円であった。なお、賃金の消費時に予定賃率@10円を用いて計算しており、当月の直接工の実際作業時間は80時間（すべて直接作業分）である。

（賃　率　差　異）	80*	（賃　　　　金）	80

＊　予定消費額：@10円×80時間＝800円
　　賃 率 差 異：800円－880円＝△80円（不利差異・借方差異）

付録：SIWAKE-31　　5

15 予定賃率を用いた場合の処理　　　CHAPTER 03

当月における直接工の賃金の実際消費額は640円であった。なお、賃金の消費時に予定賃率@10円を用いて計算しており、当月の直接工の実際作業時間は80時間（すべて直接作業分）である。

（賃　　　　　金）	160	（賃　率　差　異）	160 *

* 予定消費額：@10円×80時間＝800円
  賃率差異：800円−640円＝160円（有利差異・貸方差異）

16 予定賃率を用いた場合の処理　　　CHAPTER 03

賃率差異勘定の残高80円（借方残高）を売上原価勘定に振り替える。

（売　上　原　価）	80	（賃　率　差　異）	80

17 予定賃率を用いた場合の処理　　　CHAPTER 03

賃率差異勘定の残高160円（貸方残高）を売上原価勘定に振り替える。

（賃　率　差　異）	160	（売　上　原　価）	160

簿記の教科書　日商２級　工業簿記
基本問題　解答用紙

解答用紙はダウンロードでもご利用いただけます。
TAC出版書籍販売サイト・サイバーブックストアにアクセスしてください。
https://bookstore.tac-school.co.jp/

CHAPTER 02　**材料費　基本問題**

問1　材料費の分類

直接材料費：＿＿＿＿＿＿＿円

間接材料費：＿＿＿＿＿＿＿円

問3　材料費の計算

(1)　先入先出法：＿＿＿＿＿＿＿円

(2)　平　均　法：＿＿＿＿＿＿＿円

CHAPTER 03　**労務費　基本問題**

問1　労務費の分類

直接労務費：＿＿＿＿＿＿＿円

間接労務費：＿＿＿＿＿＿＿円

問2　賃金の消費額の計算

当月の賃金消費額：＿＿＿＿＿＿＿円

CHAPTER 04　**経　費　基本問題**

問1　経費の分類

直 接 経 費：＿＿＿＿＿＿＿円

間 接 経 費：＿＿＿＿＿＿＿円

CHAPTER 05 個別原価計算 基本問題

問1 製造間接費の実際配賦と個別原価計算

原 価 計 算 表 （単位：円）

	No.101	No.102	No.103	合 計
前 月 繰 越				
直 接 材 料 費				
直 接 労 務 費				
製 造 間 接 費				
合 計				
備 考				

仕 掛 品

前 月 繰 越 （	）	製 品 （	）
直 接 材 料 費 （	）	次 月 繰 越 （	）
直 接 労 務 費 （	）		
製 造 間 接 費 （	）		
（	）	（	）

製 品

仕 掛 品 （	）	売 上 原 価 （	）
		次 月 繰 越 （	）
（	）	（	）

問2 製造間接費の予定配賦

No.201： ＿＿＿＿＿＿＿＿ 円　 No.202： ＿＿＿＿＿＿＿＿ 円　 No.203： ＿＿＿＿＿＿＿＿ 円

借方科目	金 額	貸方科目	金 額

3

問3　製造間接費の予定配賦と個別原価計算

仕　掛　品

前 月 繰 越	（　　　　　）	製　　　　　品	（　　　　　）
直 接 材 料 費	（　　　　　）	次 月 繰 越	（　　　　　）
直 接 労 務 費	（　　　　　）		
製 造 間 接 費	（　　　　　）		
	（　　　　　）		（　　　　　）

製　　　品

前 月 繰 越	（　　　　　）	売 上 原 価	（　　　　　）
仕 掛 品	（　　　　　）	次 月 繰 越	（　　　　　）
	（　　　　　）		（　　　　　）

CHAPTER 06　部門別個別原価計算　基本問題

問1　直接配賦法

製造間接費部門別配賦表　　　　　　（単位：円）

摘　　　要	合　　　計	製　造　部　門		補　助　部　門	
		第1製造部門	第2製造部門	修 繕 部 門	工場事務部門
部門個別費	571,000	250,000	180,000	84,000	57,000
部門共通費					
建物減価償却費					
電 力 料					
部 門 費					
修繕部門費					
工場事務部門費					
製造部門費					

4

問2　相互配賦法

製造間接費部門別配賦表　　　　（単位：円）

| 摘　　要 | 合　　計 | 製　造　部　門 | | 補　助　部　門 | |
		第1製造部門	第2製造部門	保　全　部　門	工場事務部門
部門個別費	599,000	250,000	180,000	108,000	61,000
部門共通費	390,000	171,000	132,000	60,000	27,000
部　門　費	989,000	421,000	312,000	168,000	88,000
第1次配賦					
保全部門費					
工場事務部門費					
第2次配賦					
保全部門費					
工場事務部門費					
製造部門費					

問3　製造部門費の各製品への配賦

(1)　製造部門費の実際配賦率と各製品への配賦額

第1製造部門

実 際 配 賦 率： @　　　　　円

No.101への配賦額：　　　　　　円　　No.102への配賦額：　　　　　　円

第2製造部門

実 際 配 賦 率： @　　　　　円

No.101への配賦額：　　　　　　円　　No.102への配賦額：　　　　　　円

(2)　各製造部門から各製品への配賦の仕訳

借方科目	金　　額	貸方科目	金　　額

5

問4　部門別個別原価計算

(A)

製造間接費部門別配賦表　　　　　　（単位：円）

摘　　要	合　計	製 造 部 門		補 助 部 門		
		第1製造部門	第2製造部門	修 繕 部 門	保 全 部 門	工場事務部門
部　門　費	1,264,000	447,500	377,200	180,000	154,000	105,300
修繕部門費						
保全部門費						
工場事務部門費						
製造部門費						

(B)　No.101に配賦される製造間接費（部門別配賦）：＿＿＿＿＿＿＿円

(C)　No.101に配賦される製造間接費（総 括 配 賦）：＿＿＿＿＿＿＿円

CHAPTER 07　総合原価計算Ⅰ　基本問題

問1　先入先出法

①　月末仕掛品原価　＿＿＿＿＿＿＿円

②　完成品総合原価　＿＿＿＿＿＿＿円

③　完成品単位原価　@　　　　　　円

問2　平均法

①　月末仕掛品原価　＿＿＿＿＿＿＿円

②　完成品総合原価　＿＿＿＿＿＿＿円

③　完成品単位原価　@　　　　　　円

CHAPTER 08 総合原価計算Ⅱ 基本問題

問1 工程別総合原価計算

総合原価計算表　　　　　（単位：円）

	第1工程		第2工程	
	直接材料費	加工費	前工程費	加工費
月初仕掛品	9,600	4,750	23,000	3,520
当月投入	25,500	24,920		47,600
合計	35,100	29,670		51,120
月末仕掛品				
完成品				

```
              仕掛品 - 第1工程
  月初有高       14,350  次工程振替高 (        )
  直接材料費     25,500  月末仕掛品  (        )
  加工費         24,920
                64,770                  64,770
```

```
              仕掛品 - 第2工程
  月初有高       26,520  完成品     (        )
  前工程費  (        )   月末仕掛品  (        )
  加工費         47,600
            (        )               (        )
```

問2　組別総合原価計算

総合原価計算表　　　　　　　　（単位：円）

	製　品　A		製　品　B	
	直接材料費	加　工　費	直接材料費	加　工　費
月初仕掛品原価	45,300	15,160	52,800	26,250
当月製造費用	99,000		109,200	
合　　　　計	144,300		162,000	
月末仕掛品原価				
完成品総合原価				
完成品単位原価	@		@	

問3　等級別総合原価計算

製品X1　①　完成品総合原価　_____　円

　　　　②　完成品単位原価　@　_____　円

製品X2　①　完成品総合原価　_____　円

　　　　②　完成品単位原価　@　_____　円

CHAPTER 09　総合原価計算Ⅲ　基本問題

問1　仕損・減損の処理（完成品のみ負担）

①　月末仕掛品原価　_____　円

②　完成品総合原価　_____　円

③　完成品単位原価　@　_____　円

問2　仕損・減損の処理（両者負担－Ⅰ）

① 月末仕掛品原価 _____ 円

② 完成品総合原価 _____ 円

③ 完成品単位原価 @ _____ 円

問3　仕損・減損の処理（両者負担－Ⅱ）

① 月末仕掛品原価 _____ 円

② 完成品総合原価 _____ 円

③ 完成品単位原価 @ _____ 円

問4　仕損・減損の処理（仕損品に評価額がある場合－Ⅰ）

① 月末仕掛品原価 _____ 円

② 完成品総合原価 _____ 円

③ 完成品単位原価 @ _____ 円

問5　仕損・減損の処理（仕損品に評価額がある場合－Ⅱ）

① 月末仕掛品原価 _____ 円

② 完成品総合原価 _____ 円

③ 完成品単位原価 @ _____ 円

問6　材料の追加投入

① 月末仕掛品原価 _____ 円

② 完成品総合原価 _____ 円

③ 完成品単位原価 @ _____ 円

問7　総合問題

仕掛品 - 第1工程

月初有高：		第1工程完了品：	
A 原 料 費	75,200	A 原 料 費 （　　　　）	
加 工 費	42,000	加 工 費 （　　　　）	
当月投入：		月末有高：	
A 原 料 費	358,800	A 原 料 費 （　　　　）	
加 工 費	546,000	加 工 費 （　　　　）	
	1,022,000		1,022,000

仕掛品 - 第2工程

月初有高：		第2工程完成品：	
前 工 程 費	110,600	前 工 程 費 （　　　　）	
B 原 料 費	—	B 原 料 費 （　　　　）	
加 工 費	21,000	加 工 費 （　　　　）	
当月投入：		月末有高：	
前 工 程 費 （　　　　）		前 工 程 費 （　　　　）	
B 原 料 費	620,000	B 原 料 費 （　　　　）	
加 工 費	744,000	加 工 費 （　　　　）	
（　　　　）		（　　　　）	

CHAPTER 10 **工業簿記における財務諸表　基本問題**

問1　製造原価報告書の作成

製 造 原 価 報 告 書　　　　（単位：円）

Ⅰ　材　　料　　費
　　　主 要 材 料 費　（　　　　　　）
　　　補 助 材 料 費　（　　　　　　）　（　　　　　　　　）
Ⅱ　労　　務　　費
　　　直 接 工 賃 金　（　　　　　　）
　　　間 接 工 賃 金　（　　　　　　）
　　　給　　　　　料　（　　　　　　）　（　　　　　　　　）
Ⅲ　経　　　　　費
　　　水 道 光 熱 費　（　　　　　　）
　　　減 価 償 却 費　（　　　　　　）
　　　保　　険　　料　（　　　　　　）　（　　　　　　　　）
　　　　　合　　計　　　　　　　　　　（　　　　　　　　）
　　　製造間接費配賦差異　　　　　　[　]（　　　　　　　　）
　　　当 期 総 製 造 費 用　　　　　　　（　　　　　　　　）
　　　期 首 仕 掛 品 棚 卸 高　　　　　　（　　　　　　　　）
　　　　　合　　計　　　　　　　　　　（　　　　　　　　）
　　　期 末 仕 掛 品 棚 卸 高　　　　　　（　　　　　　　　）
　　　当 期 製 品 製 造 原 価　　　　　　（　　　　　　　　）

（注）　[　]には「＋」または「－」を記入すること。

問2　製造原価報告書と損益計算書の作成

製 造 原 価 報 告 書　　　　　（単位：円）

Ⅰ　直 接 材 料 費

　　　期首原料棚卸高　　　（　　　　　　）

　　　当期原料仕入高　　　（　　　　　　）

　　　　合　　計　　　　　（　　　　　　）

　　　期末原料棚卸高　　　（　　　　　　）　　　（　　　　　　　　）

Ⅱ　直 接 労 務 費

　　　直 接 工 賃 金　　　　　　　　　　　　　　（　　　　　　　　）

Ⅲ　製 造 間 接 費

　　　補 助 材 料 費　　　（　　　　　　）

　　　間 接 工 賃 金　　　（　　　　　　）

　　　給　　　　料　　　（　　　　　　）

　　　電　　力　　料　　　（　　　　　　）

　　　減 価 償 却 費　　　（　　　　　　）

　　　保　　険　　料　　　（　　　　　　）

　　　租 税 公 課　　　　（　　　　　　）　　　（　　　　　　　　）

　　　　　合　　計　　　　　　　　　　　　　　　（　　　　　　　　）

　　　製造間接費配賦差異　　　　　　［　　］（　　　　　　　　）

　　　当 期 総 製 造 費 用　　　　　　　　　　　（　　　　　　　　）

　　　期首仕掛品棚卸高　　　　　　　　　　　　　（　　　　　　　　）

　　　　合　　計　　　　　　　　　　　　　　　（　　　　　　　　）

　　　期末仕掛品棚卸高　　　　　　　　　　　　　（　　　　　　　　）

　　　当 期 製 品 製 造 原 価　　　　　　　　　　（　　　　　　　　）

損　益　計　算　書　　　　　　　（単位：円）

Ⅰ	売　上　高			7,876,000
Ⅱ	売　上　原　価			
	期首製品棚卸高	（　　　　　）		
	当期製品製造原価	（　　　　　）		
	合　　　計	（　　　　　）		
	期末製品棚卸高	（　　　　　）		
	差　　　引	（　　　　　）		
	原　価　差　異　［　］	（　　　　　）	（　　　　　　　）	
	売　上　総　利　益		（　　　　　　　）	
Ⅲ	販売費および一般管理費		1,290,000	
	営　業　利　益		（　　　　　　　）	

（注）　［　］には「＋」または「－」を記入すること。

13

CHAPTER 12 標準原価計算 基本問題

問1 パーシャル・プランによる勘定記入

仕 掛 品

前 月 繰 越 (	)	製 品 (	)
直 接 材 料 費 (	)	次 月 繰 越 (	)
直 接 労 務 費 (	)	原 価 差 異 (	)
製 造 間 接 費 (	)		
(	)	(	)

問2 原価差異の分析

直接材料費差異	[ ]	円
価 格 差 異	[ ]	円
数 量 差 異	[ ]	円
直接労務費差異	[ ]	円
賃 率 差 異	[ ]	円
時 間 差 異	[ ]	円
製造間接費差異	[ ]	円
予 算 差 異	[ ]	円
操 業 度 差 異	[ ]	円
能 率 差 異	[ ]	円

CHAPTER 13　直接原価計算　基本問題

問1　全部原価計算と直接原価計算の損益計算書－Ⅰ

(1)　全部原価計算の損益計算書

Ⅰ. 売　　上　　高　　　　　　　　　　　　（　　　　　　　）

Ⅱ. 売　上　原　価　　　　　　　　　　　　（　　　　　　　）

　　　売 上 総 利 益　　　　　　　　　　　（　　　　　　　）

Ⅲ. 販売費および一般管理費　　　　　　　　（　　　　　　　）

　　　営　業　利　益　　　　　　　　　　　（　　　　　　　）

(2)　直接原価計算の損益計算書

Ⅰ. 売　　上　　高　　　　　　　　　　　　（　　　　　　　）

Ⅱ. 変 動 売 上 原 価　　　　　　　　　　　（　　　　　　　）

　　　変動製造マージン　　　　　　　　　　（　　　　　　　）

Ⅲ. 変 動 販 売 費　　　　　　　　　　　　（　　　　　　　）

　　　貢　献　利　益　　　　　　　　　　　（　　　　　　　）

Ⅳ. 固　　定　　費

　　固 定 製 造 原 価　　　（　　　　　　）

　　固定販売費および一般管理費　（　　　　　　）（　　　　　　　）

　　　営　業　利　益　　　　　　　　　　　（　　　　　　　）

15

問2　全部原価計算と直接原価計算の損益計算書－Ⅱ

(1)　全部原価計算の損益計算書

	第1期	第2期	第3期
売　上　高	（　　　　）	（　　　　）	（　　　　）
売　上　原　価	（　　　　）	（　　　　）	（　　　　）
売　上　総　利　益	（　　　　）	（　　　　）	（　　　　）
販売費・一般管理費	（　　　　）	（　　　　）	（　　　　）
営　業　利　益	（　　　　）	（　　　　）	（　　　　）

(2)　直接原価計算の損益計算書

	第1期	第2期	第3期
売　上　高	（　　　　）	（　　　　）	（　　　　）
変　動　売　上　原　価	（　　　　）	（　　　　）	（　　　　）
変動製造マージン	（　　　　）	（　　　　）	（　　　　）
変　動　販　売　費	（　　　　）	（　　　　）	（　　　　）
貢　献　利　益	（　　　　）	（　　　　）	（　　　　）
固　定　費	（　　　　）	（　　　　）	（　　　　）
営　業　利　益	（　　　　）	（　　　　）	（　　　　）

問3　ＣＶＰ分析－Ⅰ

(A)　売　上　高：＿＿＿＿＿＿＿＿円　販　売　量：＿＿＿＿＿＿個

(B)　売　上　高：＿＿＿＿＿＿＿＿円　販　売　量：＿＿＿＿＿＿個

(C)　売　上　高：＿＿＿＿＿＿＿＿円　販　売　量：＿＿＿＿＿＿個

(D)　安　全　余　裕　率：＿＿＿＿＿＿＿＿％

問4　CVP分析－Ⅱ

(A)　直接原価計算の損益計算書

Ⅰ．売　　上　　高　　　　　　　　　　　　（　　　　　　）

Ⅱ．変 動 売 上 原 価　　　　　　　　　　（　　　　　　）

　　　変動製造マージン　　　　　　　　　（　　　　　　）

Ⅲ．変 動 販 売 費　　　　　　　　　　　（　　　　　　）

　　　　貢　献　利　益　　　　　　　　　（　　　　　　）

Ⅳ．固　　定　　費

　　固 定 製 造 原 価　　　　（　　　　　　）

　　固定販売費および一般管理費　（　　　　　　）（　　　　　　）

　　　　営　業　利　益　　　　　　　　　　（　　　　　　）

(B)　損益分岐点の売上高：＿＿＿＿＿＿＿＿＿円

(C)　売上高営業利益率：＿＿＿＿＿＿＿＿＿％

(D)　安 全 余 裕 率：＿＿＿＿＿＿＿＿＿％

問5　高低点法による原価の分解

(A)　最 大 生 産 量：＿＿＿＿＿＿＿＿＿個

　　　最 低 生 産 量：＿＿＿＿＿＿＿＿＿個

(B)　製品1個あたりの変動費：＠＿＿＿＿＿＿円

　　　月 間 の 固 定 費：＿＿＿＿＿＿＿＿＿円

(C)　損益分岐点の売上高：＿＿＿＿＿＿＿＿＿円

18 経費を消費したとき　　　　　　　　　　　　CHAPTER 04

次の取引の仕訳を示しなさい。なお、経費の諸勘定を用いない方法で仕訳すること。

(1) 外注加工賃1,000円を現金で支払った。

(2) 当月分の工場建物の減価償却費を計上する。1年間の減価償却費は1,200円である。

(3) 当月の材料棚卸減耗費は300円であった。

(1)	（仕　掛　品）	1,000	（現　　　金）	1,000
(2)	（製 造 間 接 費）	100 *	（減 価 償 却 累 計 額）	100
(3)	（製 造 間 接 費）	300	（材　　料）	300

　　＊　1,200円÷12カ月＝100円

19 製造間接費の予定配賦　　　　　　　　　　　CHAPTER 05

次の資料にもとづいて、製造間接費の配賦の仕訳を示しなさい。

[資　料]

(1) 当社は製造間接費について、直接作業時間を基準として各製造指図書に予定配賦している。

(2) 当期の年間製造間接費予算額は43,200円、基準操業度は480時間である。

(3) 当月の実際直接作業時間は次のとおりである。

	No.1	No.2	No.3
直接作業時間	20時間	12時間	4時間

（仕　掛　品）	3,240	（製 造 間 接 費）	3,240 *

　　＊　予定配賦率：$\dfrac{43,200円}{480時間}$＝@90円

　　　予定配賦額：No.1　@90円×20時間＝1,800円
　　　　　　　　　No.2　@90円×12時間＝1,080円
　　　　　　　　　No.3　@90円× 4時間＝ 360円

　　1,800円＋1,080円＋360円＝3,240円

付録：SIWAKE-31　　7

20 製造間接費の予定配賦 CHAPTER 05

当月の製造間接費の実際発生額は3,640円であった。なお、製造間接費は予定配賦をしており、予定配賦額は3,240円である。

（製造間接費配賦差異）	400 *	（製造間接費）	400

＊ 3,240円－3,640円＝△400円（不利差異・借方差異）

21 製造間接費の予定配賦 CHAPTER 05

当月の製造間接費の実際発生額は3,140円であった。なお、製造間接費は予定配賦をしており、予定配賦額は3,240円である。

（製 造 間 接 費）	100	（製造間接費配賦差異）	100 *

＊ 3,240円－3,140円＝100円（有利差異・貸方差異）

22 製造間接費の予定配賦 CHAPTER 05

製造間接費配賦差異勘定の残高400円（借方残高）を売上原価勘定に振り替える。

（売 上 原 価）	400	（製造間接費配賦差異）	400

23 製造間接費の予定配賦 CHAPTER 05

製造間接費配賦差異勘定の残高100円（貸方残高）を売上原価勘定に振り替える。

（製造間接費配賦差異）	100	（売 上 原 価）	100

8

24 製造部門費の予定配賦　　　　　　　　CHAPTER 06

次の資料にもとづいて、直接配賦法によって計算した製造部門費予算額（年間）を各製造指図書に配賦しなさい。なお、配賦基準は直接作業時間による。

［資　料］

(1)　直接配賦法によって計算した製造部門費予算額（年間）

製造間接費部門別配賦表　　　　　　（単位：円）

摘　　要	合　　計	製 造 部 門		補 助 部 門	
		第1製造部門	第2製造部門	修 繕 部 門	工場事務部門
製造部門費	376,200	217,800	158,400		

(2)　年間基準操業度（直接作業時間）

第1製造部門：660時間　　第2製造部門：264時間

(3)　当月の直接作業時間

	製品No.1	製品No.2
第1製造部門	30時間	20時間
第2製造部門	12時間	8時間

（仕　　掛　　品）	28,500	（第1製造部門費）	16,500 *1
		（第2製造部門費）	12,000 *2

* 1　第1製造部門費の予定配賦率：$\frac{217,800円}{660時間}$＝@330円

製品No.1への配賦額：@330円×30時間＝9,900円
製品No.2への配賦額：@330円×20時間＝6,600円
9,900円＋6,600円＝16,500円

* 2　第2製造部門費の予定配賦率：$\frac{158,400円}{264時間}$＝@600円

製品No.1への配賦額：@600円×12時間＝7,200円
製品No.2への配賦額：@600円× 8時間＝4,800円
7,200円＋4,800円＝12,000円

付録：SIWAKE-31　　9

25 製造部門費の予定配賦　　　　　　　　　　　　　CHAPTER 06

当月の製造部門費の実際発生額は第1製造部門費が17,000円、第2製造部門費が11,800円であった。なお、製造部門費は予定配賦をしており、予定配賦額は第1製造部門費が16,500円、第2製造部門費が12,000円である。

| （製造部門費配賦差異） | 500[*1] | （第 1 製 造 部 門 費） | 500 |
| （第 2 製 造 部 門 費） | 200 | （製造部門費配賦差異） | 200[*2] |

* 1　16,500円－17,000円＝△500円　→不利差異（借方差異）
* 2　12,000円－11,800円＝200円　　→有利差異（貸方差異）

26 工場会計を独立させた場合の仕訳　　　　　　　　CHAPTER 11

本社は材料1,000円を掛けで購入し、工場の材料倉庫に受け入れた。

　　[本社の勘定：売掛金、買掛金、売上、売上原価、工場]

　　[工場の勘定：材料、賃金、製造間接費、仕掛品、製品、本社]

| 本社 | （工　　　　　　場） | 1,000 | （買　　掛　　金） | 1,000 |
| 工場 | （材　　　　　　料） | 1,000 | （本　　　　社） | 1,000 |

10

27 工場会計を独立させた場合の仕訳 CHAPTER 11

工場で材料800円(直接材料600円、間接材料200円)を消費した。

　[本社の勘定：売掛金、買掛金、売上、売上原価、工場]

　[工場の勘定：材料、賃金、製造間接費、仕掛品、製品、本社]

本社	仕 訳 な し			
工場	(仕　　掛　　品)	600	(材　　　　料)	800
	(製 造 間 接 費)	200		

28 工場会計を独立させた場合の仕訳 CHAPTER 11

工場で製品1,200円が完成し、倉庫に納入した。

　[本社の勘定：売掛金、買掛金、売上、売上原価、工場]

　[工場の勘定：材料、賃金、製造間接費、仕掛品、製品、本社]

本社	仕 訳 な し			
工場	(製　　　　品)	1,200	(仕　　掛　　品)	1,200

付録：SIWAKE-31　　**11**

29 **工場会計を独立させた場合の仕訳** CHAPTER 11

本社は製品（原価1,200円）を1,500円で販売し、代金は掛けとした。

　　［本社の勘定：売掛金、買掛金、売上、売上原価、工場］

　　［工場の勘定：材料、賃金、製造間接費、仕掛品、製品、本社］

本社	（売 上 原 価）	1,200	（工 　　　　 場）	1,200
	（売 　 掛 　 金）	1,500	（売 　　　　 上）	1,500

工場	（本 　　　　 社）	1,200	（製 　　　　 品）	1,200

30 **材料副費の予定計算** CHAPTER 14

材料1,000円を購入し、代金は掛けとした。なお、材料副費は購入代価の2％を予定配賦している。

（材 　　　　 料）	1,020	（買 　 掛 　 金）	1,000
		（材 　 料 　 副 　 費）	20 *

　　*　1,000円×2％＝20円

31 **材料副費の予定計算** CHAPTER 14

当月の材料副費の実際発生額は30円であった。なお、材料副費は予定配賦しており、予定配賦額は20円である。

（材 料 副 費 差 異）	10 *	（材 　 料 　 副 　 費）	10

　　*　20円−30円＝△10円（不利差異・借方差異）

12